국어시간에 영화읽기

국어 시간에 영화 읽기

김지씨와 다시군의 각본 없는
영화 수업 이야기

김병섭·김지운 지음

Humanist

처음은 구보씨였다. 박태원이 〈소설가 구보씨의 일일〉에서 보여 주었던 그 독특한 문체. 소설가 자신을 '구보'라는 3인칭으로 만들어 놓고, 현재와 과거를 쉴 새 없이 넘나들며 절묘하게 풍자하던 그 문체 말이다. 구보에게 문체는 스스로에 대한 풍자와 함께 이 세상에 대한 비판 의식을 요령 있게 드러내는 날카로운 무기가 되었다. '김지씨'와 '다시군'이 탄생하게 된 배경이 바로 여기에 있었다. 구보씨는 수업을, 학교를, 이 사회를, 그리고 무엇보다 '자기 자신'을 냉철하게 바라볼 수 있는 방법을 전해 주었다.

그 문체로 영화 수업에 대해 말하고 싶었다. 하필이면 왜 수업에서 영화냐고 물을 수도 있다. 사실 김지씨와 다시군이라는 이름으로 불리는 우리는 영화를 사랑했던 비디오 가게 소년들이었다. 1000원을 내고 테이프를 빌려 보며, 스티븐 시걸이 나오는 할리우드 B급 액션 영화나 주윤발이 나오는 홍콩 느와르 영화에 빠져들었다. 심지어 대학에서도 문화 운동이라는 이름으로 캠퍼스 곳곳에서 상영되는 영화들에 탐닉했던 우리에게 영화는 너무나 익숙한 소재였다. 영화를 통해 인생을 즐길 수도 있고, 더 깊이 생각할 수도 있으며, 다른 인생과 더 쉽게 만날 수 있다는 사실을 잘 알고 있었다. 그래서 우리는 학생들과 영화에 대해 이야기하는 것이 별로 어려운 일이 아닐 거라고 생각했다. 그리고 영화를 보는 시간만큼은 교사가 입 아프게 떠들지 않아도 된다는 얄팍한 기대도 있었다.

하지만 수업에서 영화를 다루는 것은, 그리고 그 수업을 성공적으로 이끌어 간다는 것은 결코 쉬운 일이 아니었다. 영화를 진지한 매체로 생각하지 않는 오래된 편견이나, 학생들과 함께 영화를 보는 시간을 결코 곱게 봐 주지 않는 주변의 시선에 주눅 들기 십상이었다. 단순히 즐기는 영화가 아닌 진지한 고민을 나눌 수 있는 영화를 고르는 것도 쉬운 일이 아니었다. 이런 어려움에도 불구하고 수업을 계속할 수 있었던 것은 우리를 충분히 이해해 주셨던 많은 선생님의 도움과 수업을 함께 했던 학생들의 밝은 얼굴 덕분이었다. 학생들은 좋은 영화를 만날 때마다 혹은 영화 속에서 중요한 의미를 읽어 낼 때마다 적극적으로 반응했고, 그 반응은 우리를 춤추게 만들었다. 어찌 보면 이 책은 이런 반응들이 일어났던 순간의 기록이라고 말할 수도 있을 것이다.

우리는 이 숨 막힐 정도로 행복했던 수업의 순간순간을 이 책 속에 담아 보려고 했다. 그러나 막상 책을 만들기 위해 글을 써 가는 과정은 어려움의 연속이었다. 전국국어교사모임 회지를 통해 이미 써 놓았던 글을 바탕으로 했기 때문에 그렇게 힘들지는 않을 거라고 생각했다. 그런데 너무나 다른 두 사람의 개성과 처한 환경의 차이는 완전히 다른 형태의 수업으로 나타났다. 이 둘 사이의 간극을 어느 정도 좁힐 필요가 있다고 생각했을 때부터는 글을 정리하는 것이 껄끄럽고 어려운 일이 되어 갔다.

결국 우리는 두 사람의 개성을 굳이 무리하게 녹일 필요가 없다고 결론짓고, 각각의 모습을 그대로 드러내는 방식으로 책을 구성하기로 했다. 교사의 생각이 달랐고, 처한 환경이 달랐으며, 그 순간순간의 상황이 달랐기 때문이었다. 그중에서도 두 사람의 차이가 극명하게 드러난 곳은 책의 마지막 장인데, 〈렛 미 인〉이라는 영화에 대한 해석을 놓고 두 사람 사이에 일어난 양보할 수 없는 충돌을 가감 없이 다루고 있다. 아마도 이 마지막 장이 이 책 전체의 구성을 상징적으로 표현하고 있다고 해도 그리 틀린 말은 아닌 것 같다.

　어쨌거나 이렇게 책으로 엮여 나온 글을 살펴보며 온갖 생각이 떠오르는 것은 당연한 일일 듯싶다. 수업을 수십 수백 개의 무늬로 수놓았던 학생들과 모자란 글을 잘 엮어 준 휴머니스트 편집부에 감사를 드리고 싶다. 특히 책이 나온다고 설레발을 쳤을 때 꼭 제 이름을 실어 달라고 했던 학생들의 이름을 다 담지 못한 점을 미안하게 느끼며, 더 좋은 수업으로 보답하겠다는 식상한 다짐으로 눙치고 넘어가려고 한다. 마지막으로, 우리가 경험한 즐거운 순간들이 많은 선생님께 전달되기를 간절히 바란다. 생각보다 별로 어렵지 않으니까 말이다.

2015년 8월
김병섭, 김지운

차례

02 다시군의 영화 수업 이야기

01

김지씨의 영화 수업 이야기

인상적인 수업 장면 하나

고등학교 2학년 문학을 맡게 된 김지씨는 시를 재미나게 가르쳐 보겠다는 열정으로 첫 수업에 들어갔다. 수업을 시작하자마자 '오래된 왕궁의 음탕' 대신에 설렁탕집 주인에게나 분노를 퍼부을 수밖에 없었던 시인 김수영처럼, 김지씨는 문학 교육을 망쳐 놓은 힘 있는 어른들 대신에 애꿎은 학생들을 상대로 오늘날의 문학 교육에 대한 비판을 쏟아 내기 시작했다.

잔뜩 날이 선 어조로 학생들을 향해 비분강개하며 비판했던 내용을 요약하자면, '밑줄 긋고, 시어나 시구의 의미를 빽빽하게 적어 놓고, 그걸 외우기만 하는 바보 같은 시 공부는 그만하고, 그 시가 어떤 의미를 가지고 있으며 어떤 마음이나 생각을 전하려고 하는지 제대로 느껴 보라'는 말 정도가 될까? 하지만 열변을 토하는 김지씨와는 달리, 학생들은 '내가 뭔 죄를 지었기에 이 난리냐?' 하는 표정으로 멀뚱히 쳐다보고 있을 뿐이었다.

그래서 김지씨는 학생들이 중학교 때 배웠던 시 한 편을 읽으면서 시 읽기의 감동을 같이 느껴 보려고 했다. 황동규의 〈즐거운 편지〉를 떨리는 목소리로 천천히 읽기 시작했다.

내 그대를 생각함은 항상 그대가 앉아 있는 배경에서 해가 지고 바람이 부는 일처럼 사소한 일일 것이나 언젠가 그대가 한없이 괴로움 속을 헤매일 때에 오랫동안 전해 오던 그 사소함으로 그대를 불러 보리라.

대학교 1, 2학년 시절쯤이었던 걸로 기억한다. 김지씨는 좋아한다고 믿었던 사람에게 술의 힘을 빌려 자신의 감정을 토로했다. 그러나 단번에 보기 좋게 거절당하고 말았다. 그 이후로 김지씨는 '그 사람을 어떻게 대해야 할까? 미워해야 할까? 모른 척 그냥 지내? 더 잘난 여자 만나서 보란 듯이 복수를 할까?' 이런저런 생각으로 머릿속이 어지러웠다. '슬픔이며 어리석음이며를 소처럼 연하여 쌔김질하다가 자신의 슬픔과 어리석음에 눌리어 죽을 수밖에 없는 것'을 느꼈던 백석처럼, 하숙집 냉골방 한구석에서 먼지 냄새 풀풀 나는 이불을 뒤집어쓴 채 김지씨는 그렇게 자기모멸의 우울한 나날을 보내고 있었다.

그럴 때 구원처럼 나타난 시가 바로 〈즐거운 편지〉였다. 그 시는 좌절감으로 지쳐 있던 김지씨에게 사랑하는 사람을 기다릴 수 있는 삶의 자세를 담담히 일러 주었다. 김지씨는 그 시에서, 스스로 만들어 낸 과장된 감정 때문에 쉽게 지쳐 버리지 말고 천천히 다시 일어나라는 따뜻한 위안을 읽을 수 있었다. 어느 순간 그녀가 삶에 지쳐 힘들고 괴로울 때 올려다볼 수 있는 키 작은 하늘 같은 그런 사람으로 남으라는 소박한 충고. 그것이 김지씨에게는 짧지만 묵직한 울림으로 다가왔다.

하지만 이미 중학교에서 이 시를 배운 학생들은 김지씨의 경험과는 사뭇 다른 느낌으로 이 시를 받아들이고 있었다. 이 시에 등장한 '사소함'이라는 시어가 '반어법'에 해당한다는 건조한 사실 외에 그 어떤 기억도 학생들에게는 남아 있지 않았다. 이 사소하지만 사소하지 않은 차이가 바로 현재 교실에서 벌어지는 시 읽기의 문제라고 생각했기 때문에 김지씨는 평소 말투와는 다른 그윽한 어조로 작품을 읽고, 그와 관련된 자신의 체험을 들려주었다. 쓰러져 자던 학생들도 벌떡벌떡 일어난다는 '선생님의 첫사랑' 이야기에 학생들의 시적 감수성이 촉촉이 피어나리라고 김지씨는 믿었다. 하지만 학생들은 시큰둥하게 반응했다. 이야기를 들으면서 시적 화자의 모습과 그 이야기를 쉽게 연관시키지 못하는 눈치였다.

한두 번의 수업을 그렇게 보낸 뒤 어느 날, 김지씨는 우연찮게 〈내 이름은 김삼순〉이라는 드라마의 재방송을 보게 되었다. 로맨틱 코미디라면 사족을 못 쓰는 김지씨. 옛사랑을 만난 듯한 마음으로 드라마에 빨려들었다. 그런데 번뜩 머리를 스치는 생각이 있었다. 수업 시간에 이야기했던 〈즐거운 편지〉의 시적 화자와 〈내 이름은 김삼순〉에 등장하는 '다니엘 헤니'의 모습이 겹치는 것 같았다. 늘 주변에서 배경처럼 '려원'을 지켜보고 있다가 그녀가 사랑을 잃고 '한없이 괴로움 속을 헤매고 있을 때' '오랫동안 전해 오던 그 사소함'으로 그녀를 부르던 다니엘 헤니의 모습. 아무래도 수업 시간에 충분히 먹힐 것 같았다.

다음 날, 시를 읽고 김지씨의 아픈 경험담을 들려준 뒤에 〈내 이름은 김삼순〉에서 다니엘 헤니가 등장하는 장면을 함께 보았다. 학생들은 무엇에 홀린 듯이 드라마를 보았고, 다니엘 헤니의 가슴 아픈 짝사랑에 깊은 동감을 표시했다. 아이들의 반응이 분명 이전과는 확연히 달랐다. 덧붙인 시로 나희덕의 〈푸른 밤〉을 읽었을 때 반응은 더 극적이었다. "너에게로 가지 않으려고 미친 듯 걸었던 / 그 무수한 길도 / 실은 네게로 향한 것이었다."라는 첫 연에서 시작해 "나의 생애는 / 모든 지름길을 돌아서 / 네게로 난 단 하나의 에움길이었다."라는 마지막 연에 이르면, 학생들은 깊은 탄식까지 토해 내며 가슴속 감정의 떨림을 유감없이 표현했다.

바람을 현실로 - 영화 수업의 시작

다양한 영상 매체를 어떻게 수업에 활용할 것인지에 대해 이야기를 꺼내는 것은 어쩌면 주제넘은 짓일지도 모른다. 이미 많은 교사가 매체 교육에 대해 다양한 수업 사례와 함께 연구 성과를 남기고 있기 때문이다. 다만 김지씨는 그중에서 '영화'를 어떻게 수업 시간에 적용할 것인지에 대해 말하고 싶었다.

김지씨가 영화를 수업에 끌어들이고자 마음먹은 것은 방학 보충 수업 때였다. 무조건 수업을 개설하라는 엄포가 떨어진 상황에서, 방학 때만이라도 목에서 피나게 떠들고 싶지 않았던 김지씨는 얄팍한 수를 써 보기로 마음먹었다. 논술 수업에 대한 수요가 많은 점을 노려서 1, 2학년 학생들을 상대로 두 시간짜리 '영화로 보는 논술' 수업을 개설하기로 한 것이다. 첫 두 시간은 영화 보고, 다음 날 두 시간은 토론 및 발표하는 식으로 말이다. 기본적으로 두 시간은 영화를 보느라 보낼 것이니, 총 15일간의 보충 수업 기간 동안 실제로 수업하는 날은 많아야 8일밖에 안 되겠다는 꼼수가 김지씨의 머릿속을 재빠르게 맴돌고 있었다.

마침 뜻이 맞는 선생님과 같이 개설했다. 사립 학교의 특성상 젊은 놈이 '영화 논술' 따위의 제목을 내건다는 게 쉽지 않은 일이었는데, 같이 하시기로 한 분이 중견급(?)은 되시는 분이라서 흔히 말하는 '방패막이'가 되어 주셨다. 물론 우여곡절도 있었다. 당장 때려치우고 수능 대비 강의를 개설하라는 직접적인 압박부터, 보충 수업비는 반만 가져가라는 뼈 있는 농담까지, 방학 내내 김지씨의 마음은 썩 편하지 않았다.

그럼에도 불구하고 학생들과 함께한 그 15일간의 보충 수업은 학생과 교사 모두에게 만족스러운 시간이었다. "대한민국 고등학생 중에서 15일 동안 잘 골라낸 여덟 편의 영화를 이렇게 집중적으로 보고, 토론하고, 글을 쓰는 경험을 할 수 있는 사람은 거의 없을 것"이라고 한 어느 학생의 강의 평가에서, 수업을 꾸리고 진행한 보람을 충분히 찾을 수 있었다. 지하에 새로 만들어진 시청각실의 대형 스크린 앞에 모여 저마다 마련해 온 간식을 먹으며 영화를 보고, 영화를 보고 난 뒤에 조별로 토론하고, 그 결과를 글로 옮겼던 15일 동안의 수업은 학생들에게도 좋은 기억으로 남아 있었다. 이런 경험이 바탕이 되었기에 김지씨는 매 학기마다 '영화 논술'이라는 제목으로 강좌를 개설하고, 또 그렇게 보충 수업을 날로 먹을 수 있는 용기를 가지게 되었다.

국어 시간에 영화 수업하기

그렇다면 김지씨는 영화를 가지고 어떻게 수업했을까? 국어 시간에 영화를 다루는 경우를 생각해 보면 흔히 두 가지 정도인 것 같다. 첫 번째는 이른바 '시간 죽이기용'. 진도 다 나가고 할 것 없을 때 학생들에게 등 떠밀려 영화를 틀어 주는 경우가 여기에 해당한다. 이런 경우 '재미'가 영화를 선택하는 최우선 기준이 된다.

두 번째는 '수업의 보조 자료로 사용하는 경우'이다. 소설을 가르칠 때 그 소설을 바탕으로 만든 영화를 참고로 보는 것이다. 김지씨네 학교 1학년들은 이문열의 소설을 시나리오 삼아 만든 동명의 영화 〈우리들의 일그러진 영웅〉을 참고 자료로 보았다. 《국어 (상)》 '심화 학습'에 실려 있는 이 소설을 좀 더 깊이 이해하기 위해 1학년 담당 선생님들이 그렇게 결정을 내렸기 때문이다. 고등학교 국어 교과서에 실린 작품 가운데 〈춘향전〉, 〈장마〉 등의 작품이 이미 영화화되어 수업 보조 자료로 사용할 수 있다.

김지씨는 오상원의 〈유예〉라는 소설이 가진 시간 구조를 설명하기 위해 크리스토퍼 놀란 감독의 〈메멘토〉를 학생들과 함께 본 적이 있다. 학생들은 〈메멘토〉의 치밀한 시간 구성에 감탄하면서, 동시에 그와 구성이 유사한 오상원의 작품을 좀 더 꼼꼼히 들여다볼 수 있는 눈을 갖게 되었다.

그리고 판소리계 소설을 가르칠 때, 이본의 특성을 설명하기 위해 영화 〈음란 서생〉의 한 장면을 사용한 적이 있다. 영화 속 주인공이 음란한 소설을 베껴 쓰는 소굴을 급습하는 장면이 나오는데, 그 장면에 삽입된 대화에서 조선 시대에 소설이 어떤 지위를 가지고 있었으며 어떻게 유통되었는지를 짐작할 수 있다.

영화라는 장르가 각종 다양한 문화적 요소들을 빨아들여 자신의 방식으로 녹여 내는 놀라운 재주를 가지고 있다 보니, 영화를 통해 참고할 수 있는 자료는 정말 많다.

하지만 김지씨의 수업은 위에서 이야기한 방식과는 조금 달랐다. 영화가 보조 자료로써 수업에 등장하는 것이 아니라, 수업의 중심에 자리 잡고 있기 때문이다. 즉, 다른 개념을 설명하기 위해 영화의 일부를 끌어들이는 것이 아니라, 영화 전체를 꼼꼼히 읽는 것으로 수업을 시작한다는 말이다.

이런 식의 수업을 구상하다 보니 고민거리 하나가 생겨났다. 영화를 가지고 이런저런 이야기를 꺼내다 보면 반드시 영화의 고유한 형식적 특징에 대해 말해야 하는 순간이 오기 때문이다. 한 편의 영화가 이루어지려면 그 과정이 복잡할 뿐만 아니라 영화 자체가 가지는 문법 또한 독특하다. 영화를 좋아해 영화 잡지라도 조금 들춰 본 사람이라면, 미장센이네 몽타주 기법이네 하는 용어를 들어 본 적이 있을 것이다.

김지씨도 처음에 영화를 수업에 써먹으려 했을 때, 영화 이론이나 용어 등에 대해 거의 무지한 상태여서 불안한 마음이 컸다. '영화에 대해 잘 알지도 못하면서 뭘 나불대냐.' 하는 마음의 소리가 자꾸 들려와 한동안 위축되기도 했다. 심지어 영화 기법이나 용어가 수능 모의고사에도 출제된 적이 있어 가슴이 철렁 내려앉았었다. 물론 영화를 수업의 중심에 놓고 이야기를 나눌 때에 영화의 특성에 대해 전혀 언급하지 않는 것은 무리가 있다. 그렇다고 해도 김지씨는 국어 선생이지 영화 선생이 아니기에 영화의 형식이나 기법이나 이론을 세세하게 가르치는 것은 애호가의 잘난 척 이상이 되기 어렵다고 판단했다.

김지씨는 이 점에 대해서는 고심 끝에 단호하게 맘을 먹었다. 굳이 어렵게 영화를 설명할 필요는 없다고. 만약 필요하다면 아는 만큼만 설명하겠다고. 다시 말해서, 영화를 위한 영화 수업이 아니라 삶을 위한 영화 수업이 되었으면 좋겠다는 게 김지씨의 결론이었다. 그게 어떤 식이 될지는 잘 모르겠지만 여러 영화를 놓고 학생들과 이야기를 나누다 보면 그 방향이 어렴풋이 잡힐 수 있을 거라고 믿으며, 김지씨는 그렇게 무식하게 영화 수업을 시작했다.

12 Angry Men

모두가 아니라 해도

12명의 성난 사람들

시드니 루멧 감독의 〈12명의 성난 사람들〉(1957)은 살인 사건의 배심원으로 호출된 12명의 시민이 최종 판결을 위한 토론을 벌이는 과정을 그린 영화이다. 단 한 명을 제외한 모든 배심원이 유죄를 주장하지만, 그 한 명의 합리적 의심으로 논의는 원점으로 돌아가게 된다. 그 이후에 벌어지는 열띤 논의가 이 영화의 매력이라고 할 수 있는데, 논의 과정에서 배심원들이 유죄라고 내세우던 증거들이 하나씩 근거 없는 것으로 밝혀지는 과정이 매우 흥미롭다.

유죄를 주장하던 배심원들이 하나 둘 무죄로 돌아서면서 결국 피고인은 무죄 판결을 받게 된다. 그 속에서 유죄를 주장하던 사람들이 가지고 있던 불합리한 편견들을 유심히 지켜볼 필요가 있다. 이들이 가지고 있던 편견을 비판하면서, 토론에 참여하는 올바른 태도와 민주주의의 원칙에 대해 이야기할 수 있기 때문이다. 이 점이 바로 이 영화가 오랫동안 높은 평가를 받아 온 까닭이 아닐까 생각한다.

#1_ 흑백 영화를 보여 준다고?

　김지씨는 늘 〈12명의 성난 사람들〉로 영화 수업을 시작한다. 이 수업이 교사의 설명보다는 학생들 스스로의 토론으로 구성되고 그 토론이 긍정적인 방향으로 나아가기를 바라되는 마음에서다.

　이 영화는 아버지를 살해했다는 혐의를 받고 있는 열여덟 살짜리 피고인을 놓고 12명의 배심원이 판결을 내리는 과정을 담고 있다. 처음에는 유죄를 주장하는 사람과 무죄를 주장하는 사람의 비율이 '11 : 1'이지만, 무죄를 주장하는 8번 배심원의 치밀한 논리 전개에 의해 피고인을 유죄로 몰아갔던 증거들이 하나 둘 무너지게 된다. 그러면서 유죄를 주장했던 배심원들이 결국에는 모두 무죄에 찬성하게 된다. 유죄에서 무죄로 한 명씩 넘어오는 판세를 지켜보기만 해도 사타구니가 옴찔옴찔해지는 기분이지만, 12명의 배심원이 다양한 태도로 토론에 임하는 모습이 사실 더 오밀조밀 재미있다. 물론 〈CSI〉 같은 치밀한 범죄 수사극에 익숙한 요즘 아이들은 맨손으로 증거물을 마구 만지작거리는 배심원들을 허술하게 볼 수도 있겠지만, '토론의 방법'에 초점을 맞추어 이 영화를 보면 재밌는 이야기들을 끌어낼 수 있다.

　그런데 문제는 이 영화가 1957년에 만들어진 흑백 영화라는 것이다. 이 영화를 틀면 학생들은 일단 흑백 화면에 실망스러운 표정을 보인다. 사실 김지씨도 그 점이 조금 염려가 되었다. 하지만 용기를 낼 수 있었던 것은 흑백 영화 중에도 학생들에게 좋은 반응을 이끌어 냈던 영화가 있었기 때문이다. 구로자와 아키라의 〈라쇼몽〉, 찰리 채플린의 〈모던 타임즈〉 같은 영화가 대표적이다.

라쇼몽(1950)　　　　　　　　모던 타임즈(1936)　　　　　　자전거 도둑(1948)

　〈라쇼몽〉은 다소 지루할 수 있기 때문에 주요 장면들을 편집해서
보여 주면 '하나의 사건에 대한 다양한 관점'이라는 철학적인 이야기
를 꽤 재미나게 풀어 갈 수 있다. 또한 박진감 넘치는 장면들에 학생
들이 쉽게 빨려든다.

　〈모던 타임즈〉는 흑백 영화일 뿐 아니라 무성 영화이다. 하지만
찰리 채플린의 익살스런 몸짓과 표정, 그리고 그의 트레이드마크인
슬랩스틱코미디를 보는 재미가 쏠쏠하다. 거기다 빠르게 전개되는 여
러 가지 사건들 속에 숨은 의미를 짚어 가다 보면, 학생들이 이 영화
의 매력에 빠져들지 않을 수 없다.

　〈자전거 도둑〉도 학생들에게 꽤나 반응이 좋다. 생계 수단인 자전
거를 도둑맞은 주인공 부자가 자전거를 찾아다니다 결국 자전거를
훔치게 되는 과정을 그리고 있다. 시대적인 상황이나 주인공의 처지,
일련의 사건 등이 마치 〈운수 좋은 날〉의 아이러니를 떠올리게 한다.

　어찌 됐든 김지씨가 말하려는 것은, 영화가 흑백이냐 아니냐는 별로 중요하지 않다는 것이다. 중요한 것은 교사가 그 영화를 선택한 이유이고, 그 영화를 통해 학생들과 함께 나누고 싶은 이야기이다.

#2_ 토론에 참여하는 좋은 태도와 나쁜 태도

일반적으로 영화 수업을 할 때, 영화를 보고 생각해야 할 문제들을 먼저 여러 가지 학습지의 형태로 제시하곤 한다. 이런 학습지는 나름 영화를 보는 길잡이 역할을 한다. 따라서 학습지를 어떻게 만드느냐에 따라 텍스트를 어떻게 소화할 수 있을 것인지, 수업의 방향이 어디로 갈 것인지가 결정된다.

〈12명의 성난 사람들〉을 수업할 때는 위의 경우와 좀 다르다. 김지씨는 이 영화에 대한 학습지를 만들지 않는다. 그 대신 칠판에 등장인물이 앉은 탁자를 그리고, 앉은 위치대로 번호를 붙여 둔다. 영화 속에 그 번호가 이미 부여되어 있으니 그대로 붙이면 된다. 이걸 미리 해 놓지 않으면 학생들은 누가 누구인지 헷갈려 한다. 등장인물은 많고, 영화에서 인물끼리 이름을 부르는 경우는 거의 없기 때문이다. 그러니 인물들을 구분하는 작업이 꼭 필요하다.

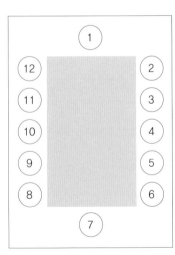

처음 자리를 잡을 때 번호를 부여하는 장면이 나온다. 1번이 사회자고, 8번이 주인공이다.

학생들은 '1 사회자 역할, 2 소심한 토론자, 3 아들에게 상처 받은 남자, 4 꼬치꼬치 따지는 아저씨, 5 빈민가 출신, 6 노동자 출신, 7 관심이 전혀 없는 사람, 8 의문 제기 달인, 9 노인(관찰력 최고), 10 낙인찍기의 대가, 11 시계 아저씨, 12 줏대 없는 광고업계 종사자'라고 등장인물을 구분했다.

그러고 난 뒤에 김지씨는 하나의 과제를 던진다.

토론을 할 때 올바른 태도와 나쁜 태도를 보인 경우를 찾고, 등장인물 옆에 그 내용을 적어 보자.

그냥 이렇게만 이야기하면 학생들은 잘 이해하지 못한다. 그래서 김지씨는 영화의 한 장면을 보면서 간단하게 설명을 해 준다. 누구의 태도는 이래서 나쁘고, 누구의 태도는 이래서 좋고, 하는 식으로 말이다. 예를 들어, 위에서 '낙인찍기의 대가'로 낙인찍힌 10번 배심원은 자신의 논리가 반박당할 때 이런 대사를 날린다.

"자기만 잘난 줄 알지?"

이처럼 논리가 아닌 상대에 대한 인신공격으로 몰아가면 안 된다. 이런 것이 바로 학생들도 쉽게 이해할 수 있는 토론할 때 주의사항이다. 꼬치꼬치 말하지 않아도 한두 가지의 예를 들어 주면 학생들은 차례차례 찾아낸다.

이 영화는 토론할 때의 태도나 자세를 보여 주는 구체적인 상황을 잘 제시해 주고 있어서 김지씨 마음에 꼭 들었다. 하나씩 찾아내다 보면 학생들은 토론할 때 어떻게 해야 하는지에 대한 생각이 깊어지게 된다. 학생들이 찾아낸 것들을 나열하면 다음과 같다.

나쁜 태도 낙인찍기, 딴소리하기, 반응하지 않기, 얼버무리기, 규칙 무시하기, 편견(선입견)으로 판단하기, 토론해 봤자 무슨 소용 있냐는 회의주의 퍼뜨리기, 감정적으로 대응하기

올바른 태도 그 사람의 입장에서 생각하기, 하나하나 따져보기, 중간중간 정리하기, 상대방 논리의 전제를 의심하기, 말한 사람의 주변 상황을 고려하기, 진지하게 관찰하기

물론 배심원들 중에서 토론 자세가 가장 올바른 인물은 주인공인 8번 배심원이다. 학생들은 8번 배심원에게 감정이입하여 그의 논리 전개에 감탄을 금치 못한다. 특히 사람들을 윽박지르듯 자신의 의견을 주장하는 3번 배심원의 논리를 깨부수는 장면이 압권이다. 3번 배심원은 용의자가 "죽여 버리겠어!"라고 말한 것을 들은 사람이 있기 때문에 죽이고자 하는 의도가 있었다며 다른 논리를 모두 부정한다. 이에 8번 배심원은 "죽일 거야!"라고 말하면 다 죽이는 것이냐고 반박하면서 그의 화를 돋운다. 결국 두 사람의 논쟁이 극으로 치닫고, 3번은 화를 참지 못해 "이리 와! 죽여 버리겠어!"라고 소리친다. 그다음은? 3번이 8번을 실제로 죽인 것은 아니기에, 3번은 조용히 입을 다물게 된다. 어떤 학생은 이 장면에서 박수를 치기도 했다.

김지씨는 4번 배심원에게도 매우 높은 점수를 준다. 8번의 논리에 하나씩 넘어가고 있을 때에도 4번은 용의자가 살인범일 수밖에 없다는 주장을 굽히지 않는다. 그렇다고 그가 3번이나 10번처럼 자신의 주장만을 반복하고 있는 것은 아니다. 지금까지 용의자가 살인범

3번 배심원이 8번 배심원을 향해 '죽여 버리겠다'고 소리치는 장면

으로 몰리게 된 증거들을 차근차근 정리한 뒤에 그 증거들을 반박할 수 없다면 살인 혐의를 쉽게 지울 수 없다며 버틴다. 결국 8번은 4번의 주장에 대해서도 반대 논거를 들이대면서 설득하게 되는데, 그때 4번의 태도가 매우 인상적이다. 그는 차분하게 8번의 논거를 되새기면서 자신의 의견이 틀렸다는 것을 순순히 인정한다. 김지씨는 이 장면이 이 영화에서 중요한 장면 가운데 하나라고 생각했다.

'끝까지 자신의 논리를 지킬 것. 자신의 논리가 옳지 않은 것으로 판가름 났을 경우, 감정에 휘둘리지 말고 옳은 길을 따를 것.' 이것은 이 영화의 핵심적인 메시지일 뿐만 아니라 토론자가 지켜야 할 중요한 미덕이다. 토론을 하다 보면, 자신의 논리를 다른 사람이 공박하는 것을 마치 인신공격으로 착각하는 사람들이 있다. 토론에서 패배한 것은 자신의 논리가 패배한 것이지 자기 자신이 패배한 것은 아니라는 기본적인 사실을 사람들은 쉽게 잊는다. 그래서 4번의 태도는 토론의 정수를 보여 주는 한 대목이라 할 수 있다.

#3_ 뿌리 깊은 선입견, 그리고 민주주의를 위한 싸움

토론에 참여하는 사람들의 여러 태도 가운데 김지씨가 가장 중요하게 짚어 내는 것은 '선입견'의 문제이다. 12명의 배심원이 격론의 소용돌이로 휘말려 갈 때 '낙인찍기의 대가'인 10번 배심원은 피고인이 빈민가 출신이라는 이유로 토론이 불필요하다고 주장한다. '빈민가 출신은 다 그래.'라는 식이다. 그런데 5번 배심원이 자기 또한 빈민가 출신이라며 10번 배심원을 공격한다. 물론 10번 배심원의 주장이 말도 안 된다는 것을 누구나 알 수 있지만, 실제 토론 과정에서 '선입견' 혹은 '편견'의 문제가 매우 심각하기 때문에 김지씨는 이 부분을 강조해서 말한다.

끝까지 주장을 굽히지 않던 3번 배심원의 경우도, 자신을 배신한 아들에 대한 실망감이 '요즘 아이들'에 대한 불신으로 번져 정상적인 판단을 내리지 못하는 사례에 해당한다. 이들의 태도를 보면 '계급과 세대'라는 갈등 요소가 판단을 흐트러뜨리고 있는 셈이다.

3번과 10번을 이야기하면서 김지씨는 선입견과 편견에서 벗어나는 것이 얼마나 중요한지를 꼭꼭 짚어서 이야기한다. 교사 생활 초기에 김지씨는 학생들이 자유로운 영혼을 가졌을 것이라고 믿었다. 하지만 해가 지날수록 학생들에게 의외로 깊은 편견들이 똬리를 틀고 있음을 느낄 때가 많았다. 외모나 집안 형편 등으로 친구를 저울질하는 학생들을 볼 때마다 김지씨는 이 영화의 문제의식이 더욱더 소중하다고 느낀다.

그런데 김지씨가 이 문제만큼 중요하다고 느낀 사례는 7번 배심원의 경우이다. 7번 배심원은 어떻게든 이 재판을 빨리 마치고, 예매

해 놓은 야구 경기를 보러 가고 싶어 한다. 무슨 이야기가 나오더라도 토론이 빨리 끝날 수만 있다면 만사 오케이라고 생각하는 인물이다. 날씨는 덥고, 다들 짜증이 한껏 나 있는 상황에서 집요하게 토론을 끌고 가려는 8번 배심원이 7번은 못마땅하기만 하다.

김지씨는 이 7번의 경우를 의미심장하게 생각한다. 학생들과 토론 수업을 할 때 가장 큰 걸림돌이 바로 '귀차니즘'이기 때문이다. 물론 이 영화에서는 모든 배심원이 7번을 공격한다. 한마디로 '재판이 무슨 장난이냐!'라는 식이다. 영화에서는 이렇게 귀차니즘이 간단히 정리되지만, 현실은 그렇지 않다. 그래서 김지씨는 7번 배심원의 문제도 짚고 넘어간다. "망진자(亡秦者) 호야(胡也)", 즉 진나라를 망하게 한 것이 진시황의 둘째 아들 호해였다면, 민주주의를 망하게 하는 것은 '귀차니즘'이기 때문이다.

이제 진짜 강력한 질문을 던질 때가 되었다. 그 질문은 바로 '민주주의란 무엇인가?'라는 멘붕 질문이다. 이 질문이 김지씨의 입에서 떨어질 때 학생들은 '아니 채점할 땐 다 맞았는데, OMR 마킹 안 했다는 소리인가.'라는 당황스런 표정을 짓는다.

김지씨는 '민주주의란 무엇인가?'라는 답도 없는 질문에 학생들이 그럴듯한 답을 내놓기를 바라는 것이 아니다. 그런 답은 대체로 어딘가에서 본 것을 그대로 앵무새처럼 옮긴 것이기 십상이다. 김지씨가 이 질문을 던지는 이유는 배심원들의 모습을 다시 한 번 곰곰이 되돌아볼 수 있기를 바라기 때문이다.

아들에 대한 실망 때문에 젊은 세대에게 분노를 품고 자신과 의견을 달리하는 이들을 폭력적으로 대하는 3번 배심원, 빈민가 사람들에 대한 근거 없는 적개심으로 '상종할 가치가 없는 인간 망종'이라는 말을 쏟아 내는 10번 배심원. 그뿐만 아니라 배심원들의 요청에 따라 발언권을 주고 의견을 존중하며 폭력을 무마하고 투표 결과를 정확히 전하는 등 사회자의 역할을 충실히 수행한 1번 배심원. 이 외에도 자칫 강렬한 인상의 인물들에 묻히기 쉬운 다른 배심원들 또한 '민주주의'라는 잣대로 살펴보았을 때 저마다 중요한 의미를 가지고 있다는 사실을 확인할 수 있었다.

그리고 무엇보다 그 모든 공방에도 불구하고 각자가 가진 한 표를 존중하고 기다리며 마침내는 12명 전원의 합의로 사건을 마무리 짓는 영화의 전체적인 구도가 민주주의에 대한 하나의 커다란 비유였음을 다시 한 번 생각해 보자는 것이다. 폭력과 편견을 혐오하고 논리와 권리를 존중하며 동등한 힘들의 합의로 문제를 해결하는 이 영화의 기본적인 이야기 말이다. 이런 의미에서 재판에는 관심이 없고 야구 경기나 보러 가자던 우리의 귀차니스트 7번 배심원에게 11번 배심원이 날리는 대사를 주목할 필요가 있다.

"우리는 이 아이에 대한 평결로 어떤 이익이나 손해를 받지 않아요. 그래서 우리가 강한 겁니다."

김지씨는 이 대사에 〈12명의 성난 사람들〉의 메시지가 담겨 있다고 생각했다. 공정한 사회를 만들기 위해서는 의사 결정을 하는 사람들이 바로 서야 한다. 그러려면 계급, 성별, 인종 등을 뛰어넘어 공평하고 정의롭게 판단할 수 있어야 한다. 다시 말해서, 좋고 싫음이나 이익과 손해와는 상관없이 '옳고 그름'을 따져 판단해야 한다는 것이다. 그런 의미에서 김지씨는 11번의 대사가 토론의 중요성에서 한 걸음 더 나아가 의사 결정의 합리성과 공정성에 대한 역설(力說)이라고 생각했다. 이는 바로 민주주의의 원리와 맞닿는다. 김지씨는 문득

약간 소심한 듯, 자신의 생각을 메모로 정리하며 수줍게 의견을 내던 11번 배심원은 영화 뒷부분에서 딱 두 번 자리에서 일어나는데 그때마다 주옥같은 대사를 던져서 '민주주의'에 대해 고민하게 한다.

'오늘 우리의 수업이 대한민국의 민주주의를 강하게 하지 않을까!' 하는 생각이 들었다.

#4_ 그들에게 이름이 없는 이유

김지씨는 이 영화를 보기 전에 학생들에게 질문을 하나 던졌다.

대부분의 영화에서 앞부분에 등장하지만 이 영화에서는 맨 마지막에 등장하는 것이 있다. 그것은 무엇일까?

수업이 끝날 무렵이 되면 학생들 대부분은 정답을 찾아낸다. 정답은 '이름'이다. 이 영화에서 등장인물들은 이름이 드러나지 않는다. '부르다가 내가 죽을 이름'도 아닌데 왜 그들은 서로의 이름을 묻지도

8번 배심원 데이비스와 9번 배심원 맥카들. 이들은 영화의 맨 마지막에 통성명을 나누고 미련 없이 헤어진다.

부르지도 않는 것일까? 시드니 루멧 감독은 이름 따위는 내내 묻지도 따지지도 않다가 영화가 끝나기 3분 전에 두 사람의 이름을 알려준다. 난데없이 나타나 집에 가던 8번 배심원을 부르는 9번 배심원. 탁월한 관찰과 논리로 판결을 뒤집은 두 사람은 서로의 이름을 묻고 답하더니 아무 말 없이 제 길을 가는 것이다. 김지씨는 이 장면에 나름의 단단한 의미가 있을 것이라 여긴다.

'그들은 비로소 시민이 되었다.' 이 정도로 요약하면 지나친 비약일까? 저마다의 자리에서 제 이름으로 불리며 갖가지 직업으로 살아온 사람들이 배심원으로 불려 온 순간, 아니 좀 더 정확히 이 영화에 불려 오는 순간 이름이 사라졌다. 그리고 격렬한 토론의 시간을 거친 후에야 그들은 다시 이름을 받았다. 왜일까? 그것은 익명의 개인으로 살아오던 사람들이 배심원이라는 역할을 통해 시민으로 성장한 데 대한 감독의 헌사가 아닐까.

우리는 다른 사람은 몰라도 두 사람의 이름은 알게 되었다. 이름을 아니까 불러 볼 수도 있을 테다. 부른다고 그들이 와서 꽃이 될리는 없지만, 그들의 이름을 부르면서 민주주의와 토론에 대해 다시사색할 계기를 얻을 수는 있을 것이다. '감독이 노린 것은 바로 이런게 아닐까.' 하고 생각한 뒤에 김지씨는 혼자 또 소름이 돋았다.

#5_ 과학의 힘을 맹신하는 사람들

여기서 잠깐. 김지씨는 딴 이야기로 새고 싶은 충동에 사로잡힌다. 이 영화와 관련된 재미난 에피소드 하나가 있기 때문이다. 이 영화는 1997년에 컬러 영화로 리메이크 된 적이 있다. 그때 단역으로출연한 사람이, 미드를 즐기는 사람이라면 누구나 알 만한 〈CSI〉의 그리섬 반장이다. 그때 인연을 맺어서인지 〈CSI〉의 공동 제작자인 그리섬 반장은 〈12명의 성난 사람들〉의 모티브를 그대로 따다가〈CSI〉 시리즈 중 하나인 〈11명의 성난 배심원들(Eleven Angry Jurors)〉을 만들게 된다. 이 작품은 원작과 결론이 사뭇 다르다. 배심원 가운데 계속 딴지를 거는 한 명의 배심원을 11명의 배심원이 살해하고,그 사건을 CSI 팀이 해결한다는 내용이다.

김지씨는 이 작품을 보고 그리섬 반장이 날리는 멘트에 충격을 받았다. 그리섬 반장은 12명의 타인들이 2주 반 동안 갇혀 있던 정황을 설명하기 위해 사르트르의 말을 인용해 이렇게 말한다.

"타인이 곧 지옥이다."

〈12명의 성난 사람들〉에도 배심원들의 답답하고 참기 어려운 상황이 묘사되어 있다. 땀이 나서 끈적끈적하고, 선풍기는 고장 난 데

그리섬 반장. 그윽한 눈으로 그럴듯한 대사를 날리니 설득력이 있을 수밖에!

다가, 배심원들은 서로 의견의 절충점을 찾지 못한 채 충돌하기만 한다. 말하자면 타인이 지옥처럼 느껴질 법하다. 하지만 배심원들은 타인에 대한 개방적인 태도와 적극적인 토론을 통해 한 생명을 구하는 방향으로 이 지옥을 벗어난다. 하지만 〈11명의 성난 배심원들〉의 경우, 지옥을 벗어나기는커녕 한 사람을 죽음으로 몰아 상황을 더욱 수렁으로 빠뜨린다.

　김지씨를 충격에 빠뜨렸던 또 하나는 이 시리즈의 해결 방식이다. 결국 살인 사건은 그리섬 반장 팀이 과학적 수사로 범인을 밝혀내며 마무리된다. 배심원들은 자신의 양심에 따라 행동하는 것이 아니라 자신의 이익에 따라 움직이며, 그들에게 타인의 이성에 대한 신뢰는 남아 있지 않다. 비밀리에 이루어져야 하는 재판 절차를 녹취하여 팔아먹거나, 어떻게든 재판을 빨리 마치려고 다른 배심원을 유혹하거나, 유일한 반대자를 골탕 먹이기 위해 일부러 알레르기 쇼크를 일으키게도 한다. 배심원들의 태도만 놓고 본다면 원작과 정확히 반대

한 명의 반대자를 쳐다보는 나머지 열한 명의 표정이 심상치 않다. 화면 가운데 뒷모습만 보이는 이 사람은 결국 죽는다.

편에 서 있다고 해도 과언이 아니다. 왜 이런 차이가 생겨났을까?

김지씨는 '편견'에서 그 해답을 찾을 수 있었다. 합리적 이성에 대한 불신과 과학기술에 대한 터무니없는 맹신. 이것이 바로 두 작품의 차이를 낳은 까닭이라고 생각했다. '11명의 성난 배심원들'은 타협과 설득을 통해 스스로 해결해야 할 문제를 다른 전문가 집단에게 맡겨 버렸다. 그들의 권한과 책임을 스스로 포기해 버린 것이다. 그 자리를 개인의 이익과 자본주의 논리가 대신하고 있다. '12명의 성난 사람들'에게는 있던 토론과 설득, 합리성과 공정성이 '11명의 성난 배심원'들에 와서는 사라진 것이다.

학생들에게 이런 편견을 그대로 대물림하고 싶지는 않았다. 그래서 김지씨는 이성과 토론의 힘이 살아 있다는 것을 믿고 싶을 때마다 〈12명의 성난 사람들〉을 보게 된다. 시대에 한참 뒤떨어진 흑백영화를 꺼내 보면서, 그래도 조금은 바뀔지도 모른다고 김지씨는 스스로를 또 한 번 속여 본다.

Hotel Rwanda

같은 민족끼리 왜?

호텔 르완다

테리 조지 감독의 〈호텔 르완다〉(2004)는 르완다에서 벌어진 참혹한 인종 학살 사건을 다룬 영화이다. 르완다의 두 부족, 후투족과 투치족 사이의 정치적 갈등이 극단으로 치닫게 되면서 다수를 차지하던 후투족이 투치족을 대량 학살하는 일이 발생한다. 그런데 그 당시에, 후투족이면서도 자신이 관리하고 있던 호텔로 피신한 투치족을 보호하여 죽음에서 구해 낸 '폴 루세사바기나'라는 인물의 이야기가 널리 알려지게 되는데, 그 이야기를 다룬 것이 바로 이 영화이다.

이 영화를 통해서 인종이나 민족 갈등이 어떤 문제를 일으키고 있으며, 왜 이런 일이 발생하게 되었는지, 그리고 앞으로 이런 비극적 상황을 맞이하지 않기 위해서는 어떻게 해야 하는지에 대해 학생들과 이야기 나눌 수 있다.

#1_ 정서적 충격

〈호텔 르완다〉는 아프리카의 르완다에서 벌어진 '제노사이드', 즉 '집단 대량 학살'을 다룬 영화이다. '인종'이라는 뜻을 지닌 그리스어 'genos'와 살인을 나타내는 'cide'가 합쳐진 '제노사이드(genocide)'는 인종, 민족, 종교, 또는 다른 여러 가지 범주로 정의된 인간 집단을 무차별적으로 파괴하는 것을 의미한다. 르완다는 인구의 85퍼센트 정도를 차지하는 후투(hutu)족과 나머지 15퍼센트 정도의 투치(tutsi)족으로 구성되어 있었는데, 벨기에 식민 통치 이후 이들 종족 사이의 갈등이 점점 심화되었다. 그러다 1994년에 후투족 출신 대통령이 비행기 폭파 사고로 사망하는 사건이 발생한다. 이를 투치족의 소행이라 여겨 분노한 후투족이 투치족을 대량 학살하는 사건이 벌어지게 된 것이다.

이 학살의 틈바구니에서, 고급 호텔의 지배인이던 후투족 출신 '폴 루세사바기나'라는 인물이 투치족이었던 자신의 부인을 비롯하여 그 호텔로 피난 온 많은 사람을 구해 내는 사건이 알려지게 된다. 〈호텔 르완다〉는 바로 이 사건을 영화화한 것이다.

이 영화는 시종일관 긴장감 넘치는 상황이 전개되기 때문에 학생들이 집중해서 볼 수 있다. 뿐만 아니라 이야기해 볼 만한 거리가 많아서 수업하기에 좋은 영화이다.

주인공 폴이 호텔에 피난해 온 사람들의 식량을 구하기 위해 학살의 주범인 루타간다의 본거지로 갔다가 돌아오는 장면이 있다. 루타간다는 폴에게 돌아가는 지름길을 알려 주었고, 폴은 그 길로 간다. 그런데 아침 안개가 자욱한 길을 지나가다 그의 차가 무엇인가에 걸

투치족의 시체가 널려 있는 도로

려 멈추게 된다. 내려서 길을 살펴본 폴은 충격과 공포에 빠진다. 그 장애물은 바로 길을 가득 메운 투치족의 시체였기 때문이다.

이 장면을 처음 봤을 때 김지씨도 충격을 받았고 학생들도 신음 소리에 가까운 감탄사만 연발할 뿐 말을 잇지 못했다. 그런데 이러한 정서적 충격이 한 사건을 깊이 이해하도록 이끄는 매개가 될 수도 있다는 점에 김지씨는 주목했다. 그래서 학생들에게 슬며시 질문을 던져 보았다.

8만 명이 넘는 사람이 순식간에 학살된 사건이 어떻게 일어날 수 있었을까?

이 질문을 하자 학생들은 무거운 침묵 속에 빠져들었다. 물론 충격적인 장면으로 놀라게 한 후에 메시지를 전달하려고 하는 방식이 꼭 좋은 것은 아니지만, 학생들에게 문제의 심각성을 심어 주는 데 이만한 장면을 찾기는 쉽지 않다.

#2_ 식민 통치가 남긴 아픔

실타래처럼 얽혀 있는 이 심각한 상황을 이해하기 위해 김지씨는 가장 기본적인 질문을 학생들에게 던졌다.

후투족은 왜 투치족을 증오하게 되었을까?

하지만 학생들은 쉽게 대답하지 못했다. 두 부족 사이에 뭔가 복잡하게 얽힌 과거사가 있을 것 같지만, 이 영화는 그런 복잡한 정치적 배경에 대해서는 친절하게 설명하고 있지 않기 때문이다. 순식간에 무거워진 교실 분위기를 감당하지 못한 김지씨의 땀구멍에서 차가운 육수가 흘러나오기 시작했다. 김지씨가 가장 경계하는 교실 내 묵언 수행의 분위기가 감지되자, 김지씨의 머릿속은 살벌하게 돌아가고 있었다. 차분히 가라앉은 교실 분위기를 전환시키기 위해 김지씨는 또 하나의 질문을 던졌다.

이 영화에서 투치족은 피해자로 묘사되어 있다. 그런데 그게 정말 사실일까? 투치족은 아무 이유 없이 이런 박해를 당하는 것일까?

이 질문에 학생들이 조금씩 꿈틀거리기 시작했다. 그건 아닌 것 같다는 말이 여기저기서 터져 나왔다. 후투족이 그냥 악마 집단이 아닌 이상 분명히 이들 사이에 어떤 사연이 있을 것 같다는 게 중론이었다. 그렇지 않다면 이런 일이 갑작스럽게 일어날 수 없었을 것이라고 학생들은 문제 제기를 시작했다. 좋게 말해서 문제 제기지, 자기들끼리 구시렁거리기 시작했다는 말이다.

김지씨는 이때 참고 자료가 필요하다고 생각했다. 영화가 현실을
어느 정도 왜곡한 부분이 있다면 그것을 바로잡도록 도와줄 보충 자
료가 필요하다고 김지씨는 판단했다. 그래서 준비한 자료(임석빈, 〈상
상을 초월한 검은 대륙 최대의 대학살, 신은 죽고 없었다 – 르완다 내전〉, 《한겨
레 21》. 생각보다 글이 길기 때문에 필요한 부분만 간략하게 읽고 넘어가는 것이
좋다.)를 학생들에게 나누어 주고 함께 읽는다. 르완다 내전의 기승
전결을 정리한 기사인데, 이 글을 읽을 때 학생들은 깊은 한숨을 내
쉬었다. 이렇게 더럽게 얽힌 악연의 사슬이라니. 막장도 이런 막장이
없는 셈이다. 증오와 폭력이 끊임없이 이어졌던 한 나라의 역사를 접
하고, 학생들은 세상이 그리 단순하지 않다는 사실을 조금씩 깨닫는
눈치였다. 김지씨는 학생들에게 다시 질문을 던졌다.

왜 이 두 부족은 이런 증오의 악순환에서 벗어나지 못하는 것일까?

1962년 독립 전까지 르완다를 지배한 벨기에는 르완다 지배 전략으로
서 인종 간의 차별 정책을 취했다. 숫자가 압도적으로 많은 후투족을
냉대하고 숫자가 적은 투치족을 집중적으로 교육시켜 이들을 식민지
지배 체제의 말단 관료 집단으로 삼았다. 1962년 독립 후 르완다에서는
숫자가 압도적으로 우세한 후투족이 정부를 주도했다. 그러면서 양 종
족 간의 증오의 정치, 그리고 그것의 폭력화가 진행되었다. 그것이 대
량 살육의 악순환에 뿌리가 되었다.
　　　　　　　　　　　　　　　　— 이삼성, 《20세기의 문명과 야만》, 한길사

김지씨가 이 영화를 이해하기 위해 참고했던 글 가운데 일부이다. 김지씨는 증오의 악순환을 시작한 그 뿌리에 '벨기에의 식민 통치'가 있었다는 사실을 주목했다. 식민 통치는 기본적으로 소수의 인원으로 다수의 식민지 사람들을 다스려야 하는 어려움을 안고 출발할 수밖에 없다. 그렇기에 식민지 내부에서 식민 통치에 우호적인 집단을 찾고 그들에게 특권을 주어, 그들이 나머지를 통치할 수 있게 만들어 주는 전략을 쓰곤 한다. 그런데 르완다를 지배한 벨기에는 종족 간의 차별을 통해 내부의 질서를 확립하려고 했던 것이다.

이런 차별 정책으로 르완다 내의 뿌리 깊은 종족 갈등이 싹트게 된 것이었다. 그런데 문제는 르완다의 상황이 단순히 그 나라만의 문제가 아니라는 점이다. 르완다 문제를 다룬 글 중에서 김지씨는 이런 글을 읽고 깜짝 놀랐다.

인종적 차이를 갖고 있지 않았던 한국인들에 대한 일본의 식민 지배 전략은 계급적 모순을 활용한 것이라 할 수 있다. 일본은 전통적인 한국의 지배 계급인 지주 계급을 온존시켰다. 물론 일본은 한국에 와서 땅을 빼앗아 그것을 일본인들에게 넘겨 일본인 지주 계급을 성장시켰지만, 그들이 빼앗은 것은 대체로 소유권이 분명한 한국인 지주들의 땅이 아니었다. (중략) 식민 시대 한국 사회의 모순은 민족 모순 못지않게 계급 모순이었고, 일본의 식민 지배는 이를 극대 활용한 전략 위에 서 있었다고 할 수 있는 것이다.

— 이삼성, 《20세기의 문명과 야만》, 한길사

르완다의 일이 우리와는 상관없는 지구 반대편의 문제라고만 생각했던 김지씨는 이 글을 읽고 놀랄 수밖에 없었다. 식민 지배를 겪었던 민족의 비극이 한국인에게도 해당하는 것이기 때문이다. 효율적인 식민 통치를 위해서 피지배 계급을 분할 통치하는 방식은 전혀 다를 바 없으며, 그 분할 통치의 부작용이 깊을뿐더러 오랜 기간 지속되는 것도 다르지 않다. 조금 과장해서 말하면, 르완다 내전은 오래전 인종 차별적 식민 지배 통치의 산물이고, 오늘날 한국을 짓누르고 있는 친일파 문제는 일본의 계급 차별적 식민 지배가 낳은 부산물이라고 할 수 있지 않을까? 친일 잔재 청산을 원하지 않는 세력들이 과연 어떤 뿌리를 가지고 있는지 따져 들어가다 보면, 위의 글이 담고 있는 의미를 좀 더 정확하게 이해할 수 있다.

아무튼 김지씨는 〈호텔 르완다〉를 통해 식민 통치의 부작용이 여전히 르완다 사람들과 함께 우리의 삶 또한 짓누르고 있다는 사실을 이해했으며, 학생들과 함께 이야기할 만한 주제라고 생각했다.

#3_ 부끄럽다! 누가?

김지씨는 이 영화의 정치적 배경에 대해 좀 더 깊이 다뤄 보고 싶었다. 하지만 이런 이야기를 혼자 떠들면 어떤 일이 벌어지는지 다들 잘 알고 있을 것이다. 학생들의 집중력이 10분을 넘기기 힘들다는 사실을 교사라면 누구나 알 테니까. 그렇다면 어떻게 해야 할까? 김지씨는 영화 속 한 장면을 포착해 학생들과 다시 보았다. 그 장면은 바로 후투족의 포위를 뚫고 투치족이 갇혀 있는 호텔에 유엔군이 들어오는 장면이다. 이 장면을 보면 서방 국가에서 온 사람들의 이중적인 면모가 유감없이 드러나기 때문이다.

　호텔에 들어온 유엔군은 그곳에 갇힌 사람들 중 유럽 사람들만을 따로 빼서 데리고 간다. 그게 끝이었다. 유엔군은 투치족 사람들의 생사에는 아무런 개입을 하지 않는다. 자신들을 구원하러 온 줄 알았던 투치족 사람들의 환호성은 차갑게 식어 버린다. 특히 투치족 아이들을 데리고 온 선교사는 그 상황에 절망하게 된다. 죽음의 공간을 빠져나가는 서방 선진국 사람들은 부끄러움에 몸 둘 바를 모르고, 그중의 한 기자는 "오 하느님! 이렇게 부끄러울 수가!"라는 말로 자신의 비겁함을 표현한다. 이 장면에서 김지씨는 그들의 위선적인 면모를 확인할 수 있었다. 평화를 유지하기 위해 파견된 유엔군은 서구인들의 안전만을 중요하게 여길 뿐이었다.

　그래서 김지씨는 다음과 같은 과제를 각 모둠에게 떠넘겼다.

　이 영화에 등장하는 서구인들을 찾고, 이들이 취하고 있는 태도를 각각 평가해 보자.

　혹시나 학생들이 찾기 힘들어(귀찮아)할 것 같아서 네 부류의 등장인물을 미리 준비해 두었다. '아처 여사', '기자들', '올리버 대령', '사베나그룹 회장'. 학생들은 이 네 부류의 인물을 각각 평가해 보았는데, 그 과정에서 등장인물들이 서 있는 지점을 섬세하게 구분할 수 있었다. 대량 학살이라는 비극을 한낱 흥밋거리로 생각하는 기자들, 유엔의 정치적 입장 때문에 아무것도 할 수 없었던 올리버 대령. 이들에 대한 비판에 열을 올리는 학생들의 모습을 보며 김지씨는 흥이 올라 어깨가 들썩거리기 시작했다.

아처 여사   사베나그룹 회장

아처 여사에 대한 평가도 흥미로웠다. 목숨을 걸고 르완다 사람들을 위해 일하는 인물임에도 불구하고 언제든 떠날 수 있는 사람이라는 주장과 그래도 그게 어디냐는 주장이 날카롭게 충돌했다. 김지씨는 학생들의 대뇌 피질에 깊은 주름이 생겨나는 듯한 환상을 보기도 했다.

학생들이 그냥 지나치기 쉽지만 꼭 다루어야 할 인물이 바로 호텔 주인인 '사베나그룹 회장'이라고 생각했다. 겉으로 보기에는 굉장히 훌륭한 사람이고, 그 사람의 도움으로 주인공 폴은 사람들의 목숨을 구할 수 있었다. 하지만 냉정하게 생각해 보면 이 인물을 긍정적으로 볼 수만은 없는 측면이 있다. 사실 자신의 이익을 위해 아프리카에 호텔을 세웠고, 그 호텔에서 이익이 나지 않으면 언제든 발을 뺄 수 있는 인물이니 말이다. 또 그가 아프리카에서 멀리 떨어진 벨기에에 있었다 하더라도 프랑스 정부를 통해 후투 반군을 움직일 수 있는 영향력이 있었다. 그렇지만 그는 적극적으로 개입하지 않았고, 결국 폴에게는 서방 선진국들의 냉정한 태도를 다시 한 번 깨닫게 하면서 자신의 역할을 마친다. "그들(서방 선진국들)에게 르완다는 한 표의 가치도 없어요."라는 회장의 말은 폴이 처한 현실을 냉정하게 반영했다. 이렇게 보면 사베나 회장은 자신들의 이익을 위해 아프리카를 식민지로 만든 뒤에 그 결과 생겨난 문제들에 대해서는 강 건너 불구경하듯이 방관하고 있는 서방 선진국들의 태도를 상징적으로 보여 주는 인물이라고 할 수 있을 법하다.

그럼에도 불구하고 학생들이 르완다의 비극 뒤에 서방 선진국, 정확히 말하자면 '서구 제국주의 국가'가 있을 수 있다는 생각에 대해 의문을 표시할 때, 김지씨는 또 하나의 치명적인 질문을 날렸다.

학살에 사용된 무기들은 어디에서 왔을까?

이 영화에는 후투족 학살자들이 중국제 수입품 칼을 들고 폭동에 나서는 장면, 후투족 학살자의 주동자인 루타간다의 사무실에서 실수로 중국제 수입 칼이 쏟아지는 장면이 나온다. 김지씨는 이 장면이 담고 있는 의미를 서구 국가들의 책임과 연관시켜 설명할 수 있을 것 같았다. 스스로 무기를 만들어 낼 능력이 없는 아프리카 사람들에게 무기를 쥐어 준 사람들이 누구인지 묻는다면, 후투족 학살자들 뒤에 숨은 검은 그림자를 좀 더 명확하게 인식할 수 있을 테니까. 물론 학생들은 "그 칼들은 중국산인데요."라는 초딩 수준의 반응을 보이기도 한다. 그들은 칼 외에도 수많은 무기를 사들여 무장하고 있었기에 김지씨는 그런 유치한 반응은 가볍게 밟고 넘어갔다. 김지씨는 "아프리카에 무기를 팔고 있는 자는 누구인가?"라고 따져 묻는 것이 식민 통치를 앞세운 서구 국가들이 여전히 아프리카의 아픔에 책임이 있다는 역사적 사실을 학생들이 직관적으로 이해할 수 있는 방법이라고 생각했다.

영화를 좀 더 꼼꼼히 들여다보면, 새로운 관점에서 아프리카 문제를 짚어 볼 가능성도 생겨난다. 후투족뿐만 아니라 투치족도 사용하는 총이 있는데, 바로 러시아에서 처음 제작된 'AK-47'이다. 이 총은 엄청 싸고 쉽게 만들 수 있으며 내구성도 좋다. 이 때문에 제3세계 전반에 널리 전파되어, 한때 제국주의 통치에 대항하는 저항의 수단이 되기도 했다. 하지만 다른 한편으로는 아프리카 전역에 널리 퍼져 폭력을 끊임없이 재생산하는 공포의 무기로 변질되었다. 이와 같은 AK-47의 역사를 살펴보는 것도 제3세계 국가들이 맞고 있는 비극의 원인에 대해 이해하는 하나의 방법이 될 수 있다.

AK-47

#4_ '폴'에 대한 이야기

영화에 대한 이야기를 나누다 보면 학생들의 관심사나 초점이 다양하다는 사실을 깨닫곤 한다. 교사가 수업의 방향을 어느 정도는 끌어가지만, 이야기의 방향이 학생들의 취향에 따라 다양하게 뻗어져 다른 곳으로 흘러가 버리는 경우도 많다. 김지씨는 이 다양성의 분출을 강제로 제어해서 한쪽 방향으로 끌고 가는 것이 꼭 좋은 것만은 아니라고 생각한다. 이와 관련된 김지씨의 실패담을 하나 공개한다.

김지씨는 이 영화를 다분히 정치적인 것으로 보았다. 그래서 인종 차별과 대량 학살이라는 인류 최대의 범죄에 대한 고민을 나누는 것이 일차적인 문제였다. 그게 당연했고 학습지도 그렇게 구성했다.

하지만 어떤 학생은 이 영화를 가족 간의 약속 문제로 보려 했다. 주인공 폴은 가족만 보내 놓고 자기는 사지에 홀로 남는다. 우여곡절 끝에 다시 돌아온 부인이 폴에게 강한 실망을 표현하는데, 그 학생에게는 이 장면이 상당히 인상적이었나 보다. 김지씨는 자기가 준비해 온 주제 토론을 이끌어 가고 싶은 마음에 그 학생의 문제 제기를 빨리 접고 넘어가려고 했다. 그러다 보니 결국 그 수업은 김지씨의 처량한 독무대로 전락하고 말았다. 마치 '이럴 거면 토론 조는 왜 나누었을까?'라는 말풍선이 학생들의 머리 위로 잔뜩 떠올라 있는 것 같았다.

그래서 이번에는 다른 방향으로 접근을 했다. 김지씨는 주인공 폴에 대한 이야기로 실마리를 풀어 가기 시작한다. 즉, 영화 속에서 보여 준 폴의 행동에 대해 잘잘못을 한번 따져 보는 것이다. 김지씨는 이런 주제를 일종의 '뒷담화 주제'라고 명명해 보았는데, 학생들은 이런 주제를 참 좋아한다. 뒷담화는 인간의 본능인가 싶기도 하다. 앞서도 잠깐 이야기했듯이 가족을 버리고 혼자 사지에 남아 있기로 결정한 행동도 도마에 올랐고, 백인들이나 권력을 가진 사람들에게 지나치게 공손한 태도도 문제가 되었다. 처음에 토마스와 페덴스가 떠나겠다고 했을 때 그것을 적극적으로 말린 것도 비판할 만한 점이었다. 그 때문에 그들이 죽음을 맞게 되었으니 말이다. 하지만 학생들은 폴의 그런 처신이 상황 때문에 어쩔 수 없는 것이 아니었냐는 식으로 이야기하곤 했다. 김지씨가 보기에도 사실 그런 것 같았다.

뭔가 이야기가 잘 풀리지 않는 것처럼 느껴져 김지씨는 타개책을 생각해 보았다. 그러면 폴의 잘잘못을 따질 것이 아니라 폴의 태도가 시간이 지나면서 어떻게 바뀌었는지 물어보았다. 더 구체적으로 '폴이 중요하게 여기는 것들은 무엇인지, 그리고 그중에서 시종일관 중요하게 여기는 것과 중간에 생각이 바뀌는 것이 무엇인지'를 물었다. 여기에 김지씨가 끌어내고 싶은 이야기가 숨어 있었다. 학생들은 폴이 중요하게 여기는 것으로 '스타일(style)'을 말할 것이기 때문이다.

영화 초반부에 폴은 자신에게 '스타일'이 가장 중요하다고 했다. 여기서 말하는 '스타일'이 과연 무엇인지 함께 이야기해 볼 만한 가치가 있다고 김지씨는 생각했다. 그래서 다시 물었다.

'스타일'이 도대체 무얼 말하는 걸까?

학생들은 이것저것을 말한다. 쿠바산 코히바 시가, 깔끔한 정장, 영혼이 담겨 있는 듯한 스카치위스키, 바다가재 요리 등등. 이런 것들이 폴의 삶을 유지해 주던 '스타일'이었다. 그런데 이런 것들의 공통점이 무엇일까? 그것은 바로 서방 선진국의 문화적 산물이라는 것이다. 즉, 폴은 고급 호텔의 지배인으로서 서구인의 취향에 맞춰 자신의 삶을 바꿔 왔으며, 그렇게 적응해 가는 과정에서 자신도 그들처럼 될 수 있다고 믿어 왔던 것이다. 하지만 폴은 대량 학살이라는 비극적인 사건을 겪으면서 자신이 중요하게 여기던 그 모든 '스타일'이 지금 눈앞에 닥친 현실을 해결하는 데 아무런 도움이 되지 않는다는 사실을 깨닫게 된다.

이를 잘 보여 주는 장면이 있다. 폴은 자신의 차 밑에 깔린 수많은 시체를 보고 나서 큰 충격을 받은 상태로 겨우겨우 호텔로 돌아와서 혼자 방 안에 남아 옷을 갈아입으려고 한다. 더럽혀진 옷을 벗고 다시 깔끔한 정장으로 차려입으려고 하지만, 방금 보았던 절망적인 모습이 계속 떠올라 넥타이도 제대로 매지 못한 채 오열하고 만다. 그 이후로 폴은 다시는 정장 차림을 하지 않게 되는데, 이것은 폴이 지금까지 추구하던 '스타일'을 버리고 르완다 사람들 스스로의 힘에 기반을 둔 새로운 삶을 살 것이라는 내면적 결심을 보여 주는 장면이라 할 수 있다.

장면에 담긴 의미를 이런 식으로 짚어 줄 때 학생들은 놀랍다는 표정을 짓기 마련이다. 교사가 참고서만 달달 외워서 읽어 주는 사람이 아니며, 관심도 없고 재미도 없는 내용을 억지로 들이밀기만 하는 사람도 아니라는 점을 상기시키는 순간이라고나 할까.

#5_ 누가 후투족이고 누가 투치족인가?

호텔을 떠나면서 부끄러움을 토로했던 유럽인 기자가 처음에 후투족과 투치족 여성에게 접근하는 장면이 나온다. 이 장면에서 기자는 후투족과 투치족을 구분하지 못하고, 둘의 차이가 뭐냐고 묻는다. 김지씨도 두 종족의 차이를 구별하기 어려웠다. 후투족과 투치족만 그런 것은 아니다. 일반적으로 종족 혹은 민족을 가르는 기준은 언제나 모호하기 마련이다. 그래서 김지씨는 민족에 대해 말하고 있는 글을 살펴보았다.

현재의 이론 수준에서 민족 개념에 대한 논의는 크게 두 갈래로 나뉜다. 민족의 영속적 성격을 강조하는 '원초론'과 민족을 근대화의 부산물로 간주하는 '도구론'이 그것이다. 전자는 인종적 공동체의 영속성에 주목하면서 민족주의가 종족, 조상, 종교, 언어, 영토라는 원초적 유대에 기초해 있다고 주장한다. 이에 맞서서 후자는 민족주의란 결코 영원한 실체가 아니며 근대화와 도시화라는 특정한 역사적 조건 속에서 발현한 이데올로기라고 간주하며 그 역사성을 강조한다.

— 임지현, 《민족주의는 반역이다》, 소나무

만약 후자의 관점에 선다면 민족이란 역사적인 개념일 뿐 실제로 존재하는 개념이라고 말할 수 없다. 김지씨는 옛날에 서경식 선생과 김상봉 선생이 대담한 내용을 담은 《만남》이라는 책을 읽은 적이 있는데, 여기에서 김상봉 선생은 알퐁스 도데의 〈마지막 수업〉의 마지막 장면이 어느 정도 날조된 내용이라는 사실을 지적했다(소설이니 날조라고 하기엔 무리가 있지만, 내용 자체가 거짓을 담고 있다는 정도로 이해하면 좋겠다.). 이 소설의 공간적 배경은 독일과 인접한 프랑스 북동부 알자스 지방이며, 이곳에서 사용하던 언어는 프랑스어가 아니라 알자스어(알자스 지방의 토착어로, 계통적으로 독일어 방언에 속한다.)였다. 그런데 프랑스 혁명 이후에 알자스 지방 사람들이 프랑스 국민이 되기 위해 프랑스어를 배우려고 했기 때문에 프랑스어 수업이 가능하게 된 것이다. 즉, 독일인들이 알자스 지방 사람들이 원래 쓰고 있던 프랑스어를 뺏은 게 아니라는 말이다. 순전히 알자스 지방 사람들의 의지로 프랑스 국민이 되려고 했으니, 민족이라는 것이 원래부터 주어진 불변의 특성이 아님은 당연하다.

물론 피부 색깔이 다르고 쓰는 말이 다르다는 것은 엄연한 사실이다. 그런 차이까지 부정할 수는 없다. 하지만 그것은 차이일 뿐이고 그런 차이를 차별로 바꾸는 것은 결국 공동체 구성원들의 배타 의식일 따름이다. 심지어 대량 학살의 선구자였던 나치 또한 유태인을 구별하는 선명한 기준을 만들기 위해 오랜 기간 노력했다고 하니, 민족을 가르는 기준은 쉽사리 결정될 수 있는 것이 아니다.

김지씨는 여기서 재미난 질문을 학생들에게 던진다. 이 질문은 꽤나 짓궂은 질문이다.

한국인 부모에게서 태어나고 한국에서 활동했지만 한국 국적을 포기한 유승준, 한국인 어머니와 백인 아버지 사이에 태어났으며 한국에서 자란 윤수일, 한국인 어머니와 흑인 아버지 사이에서 태어나 미국에서 자란 하인즈 워드, 부모 둘 다 외국인이지만 한국이 좋아 한국 국적을 선택한 로버트 할리, 그리고 모두가 사랑하는 다니엘 헤니. 이 다섯 명 중에 누가 가장 한국인 같은가?

학생들은 순간 혼란에 빠진다. 혼란과 함께 이 질문은 언제나 학생들에게 좋은 반응을 불러일으킨다. 질문을 던짐과 동시에 교실이 시장 바닥처럼 시끄러워지기 때문이다. 또 이 질문은 민족에 대한 문제를 심각하게 고민할 수 있게 함과 동시에 부수적인 효과를 거두기도 한다. 이 다섯 명을 순서대로 배열하려 하다 보면, 나름의 기준을 세워야 하고 기준에 따라 배열하다 보면 논리적인 구분이 어떤 것인지에 대한 감각도 기를 수 있기 때문이다. 아무튼 얼마간의 토론 시간을 주고 나면 학생들은 각자 자신 있게 대답을 준비한다. 각 조의 발표를 들어 보면 그야말로 가관이다. 우선 학생들은 각 조의 대답이 너무나 다르다는 데 놀라움을 금치 못한다. 각각의 다른 답들을 들으면서 학생들은 격렬하게 토론을 벌인다. 누가 옳고, 누가 그르네 하고 따지다가 결국 이런 절망적인 질문에 도달하게 된다.

"도대체 누가 한국인인 거야?"

이럴 때 김지씨는 득의의 웃음을 날리며 홀연히 교실 가운데 등장한다. 김지씨는 이렇게 말한다.

"답은 없다."

그렇다. 앞에서도 말했지만 답은 없다. 반만년의 역사를 가지고 있는 한민족(韓民族)이라는 개념 또한 지극히 유동적인 선긋기에 기반하고 있다. 물론 이 문제에 대해서는 상당히 민감한 부분이 있기는 하다. 우리에게는 아직 '통일'이라는 과제가 남아 있기 때문이다. 그래서 많은 사람은 여전히 민족이라는 틀로 한반도의 정세를 판단해야 한다는 점에 공감하고 있다. 김지씨도 그 점에 동의한다. 그럼에도 불구하고 그것이 폐쇄적인 민족주의로 변질되어서는 안 된다는 점은 짚고 넘어가야 할 것 같다. 경제 성장 후 한국인이 경제적 부를 바탕으로 연변이나 동남아 등지에서 추태를 보이는 모습이나 한국에 들어온 외국인 노동자들에게 도를 넘는 악랄한 착취를 자행하는 모습을 보며 이것이 자랑스러운 한민족의 전통인지 되물을 수밖에 없기 때문이다.

그런데 이런 토론을 하다 보면 학생들 내면에 잠재되어 있는 왜곡

된 민족 감정을 발견할 때가 있어서 김지씨는 깜짝깜짝 놀란다. 김지씨가 지금도 뚜렷이 기억하고 있는 것은 '유승준, 윤수일, 하인즈 워드, 다니엘 헤니, 로버트 할리'라고 대답했던 학생이다. 이 친구는 이런 순서를 대고 난 뒤에, 기준이 뭐냐는 다른 조의 물음에 "우선 피가 깨끗해야 합니다."라는 말을 해서 교실을 한동안 경악의 수렁으로 빠뜨렸다. 극렬 나치 당원이나 KKK 단원 정도가 할 법한 말을 듣는 순간 다른 학생들도 모두 놀라 말을 잃었기 때문이다. 나중에 자기가 한 말을 취소하긴 했지만, 은연중에 마음속 생각이 그대로 드러난 것이었다.

#6_ 우리는 모두 외국인이다

얼마 전에 김지씨는 〈반두비〉라는 영화를 보았다. 한국으로 일하러 온 방글라데시 출신의 이주 노동자와 한국 날라리 여고생의 사랑을 다룬 영화였다. 이 영화에서 주인공 여고생이 백인 영어 회화 강사를 이주 노동자 친구에게 소개해 준다. 그 자리에서 백인 강사는 영어를 가르치면서 돈도 쉽게 벌고, 한국 여성들과 쉽게 연애하는 즐거운 생활을 천연덕스럽게 이야기한다. 하지만 방글라데시 출신의 이주 노동자 카림은 체불된 임금도 제대로 받지 못하고, 고향의 부인에게도 이혼당하고, 좋아하는 한국인 여고생과의 사랑도 비극적으로 끝나고 만다. 단일 민족이라는 허상에 오랫동안 매달려 있어서 그런 것일까? 그런데 백인에게는 왜 이렇게 관대한 걸까? 한국인에게 짙은 피부색의 이방인들은 외계인만큼 먼 사람들인 것 같았다.

하지만 100년 전만 해도 우리 민족은 인종 차별의 희생양이었다. 김지씨는 100년 전쯤 일본에서 개최된 만국박람회 이야기를 들은 적이 있었다. 당시 문명의 총 집합소라고 할 수 있는 만국박람회가 일본 오사카에서 개최되자 많은 조선인 유학생이 단체로 관람에 나섰다. 소위 개화 바람을 제대로 맛보고 있던 찰나, 그들의 등줄기를 싸늘하게 만드는 사건이 발생한다.

만국박람회 한구석에는 인종 전시관이 있었고, 그 인종 전시관 한 귀퉁이에는 어설프게 한복을 걸친 조선인 남성과 여성이 동물원 원숭이처럼 전시되어 있었다. 결국 유학생들은 큰 충격을 받고, 주최 측에 항의하며 동맹 휴업에 들어간다. 이걸 극단적으로 말하면, 그 당시 일본인의 눈에 조선인은 2등 민족, 아니 인간이 아닌 동물과 가까운 존재로 보였다는 것을 대변하는 사례가 아닐까 싶다.

이런 아픈 과거를 가지고 있는 우리가 이제는 같은 고통을 다른 사람들에게 주고 있다는 아이러니를 김지씨는 정말 이해하기가 어렵다. 이 세상 모든 민족은 다른 민족에게는 외국인에 불과하다. 세계가 자기 것인 양 설치는 미국인도, 개념 없는 무바라크를 쫓아낸 이집트인도 결국에는 다 외국인이다. 이 사실을 생각하고 〈호텔 르완다〉를 통해 폴 루세사바기나의 영웅적인 행동을 칭송하고 르완다인의 고통을 이해할 수 있었다면, 이제 우리의 삶을 되돌아보면서 다음과 같은 명제를 가슴속 깊이 새겨야 한다.

'우리는 모두 외국인이다.'

crash

얼굴색이 다른 게 뭐?

크래쉬

폴 해기스 감독의 〈크래쉬〉(2004)는 미국 사회의 원초적 갈등이라고 할 수 있는 인종 갈등을 다룬 영화이다. 미국을 구성하고 있는 여러 인종 사이에 벌어지는 갈등과 갈등을 유발하는 서로 간의 편견에 대해 이야기하고 있다. 제목에서 알 수 있듯이, 인종 사이에 발생하는 극적인 충돌을 통해 인종 갈등의 외면과 내면을 섬세하게 묘사하고 있다. 특히 이 영화는 여러 인종을 대표하는 많은 인물이 등장하기 때문에, 인물들 사이의 관계 속에서 헤매지 않는 것이 중요하다.

얽히고설킨 인종 갈등의 실타래를 하나씩 풀어 가다 보면, 인종 갈등을 해결하기 위해 무엇을 먼저 고민해야 할지 알 수 있는 영화이기에 학생들과 충분히 토론할 만한 소재가 된다.

#1_ 누가 완득이를 힘들게 하는가?

〈크래쉬〉가 문제작이라는 것을 김지씨는 알고 있다. 이 영화가 이안 감독의 수작 〈브로크백 마운틴〉을 제치고 아카데미 작품상을 받았다는 것이 구설수에 올라서가 아니다. 이 영화가 진짜로 문제작인 이유는, 이 영화의 주제인 '인종 갈등' 문제가 미국 사회의 출생의 비밀 혹은 태생적 한계라는 점을 잘 보여 주기 때문이다. 한데 이 문제는 이제 먼 나라 미국의 이야기가 아니라 한국 사회의 근간을 흔들고 있는 문제라는 것 또한 김지씨가 깊이 인식하고 있었기 때문에 더욱 문제작이라고 생각했다.

김지씨는 문득 지난 수업 시간이 떠올랐다.

김지씨네 학교가 선정한 1학년 국어 교과서에 〈완득이〉라는 작품이 실려 있는데, 원래 교육과정에서 밝힌 성취 기준에는 '이 작품이 베스트셀러가 된 이유를 김수영의 작품과 비교 분석하라'고 되어 있었다. 하지만 성격이 삐딱한 김지씨는 그런 내용으로 수업을 하면 재미가 없을 것 같아서, 그냥 완득이네 집 이야기를 좀 길게 끌고 가 보려고 했다. 완득이의 집안 이야기를 통해 이주 노동자의 문제를 다룰 수 있다고 생각했기 때문이다.

그래서 우선 김지씨는 교과서에 실려 있는 부분 중에서 완득이와 관련된 네 인물의 특징을 모두 뽑아 보라고 했다. 역시 학생들은 자기 마음대로 특징을 뽑아내고, 자기 멋대로 내용을 정리했다. 특히 교과서에 실린 그림에 주목한 학생은 완득이의 여자 친구인 정윤하의 종아리가 비정상적으로 길다는 의견을 진지하게 발표하기도 했다. 아무튼 이런 식으로 완득이네 가족의 특징을 하나씩 정리하면서 김지씨는 학생들에게 질문 하나를 던졌다.

발달 장애를 가지고 있는 아버지와 베트남 출신 이주 여성 어머니, 자신을 좋아하는지 아닌지 헷갈리게 만드는 여자 친구 정윤하, 그리고 자신의 처지를 남들 앞에 보란 듯이 까발리는 선생 이동주. 이중에 완득이를 가장 힘들게 하는 사람은 누구일까?

김지씨는 이 질문에 대한 대답으로 '아버지'가 나오면 장애인에 대한 문제를 이야기하고, '어머니'가 나오면 이주 여성 문제를 꺼내 보려는 심산이었다.

그러나 〈완득이〉를 꼼꼼히 읽은 사람은 대충 짐작하겠지만, 사실 완득이가 이 사람들 때문에 힘들어한다고 보기는 어렵다. 완득이는 자신의 환경을 별다른 부담감 없이 받아들이는 씩씩한 캐릭터이기 때문에, 따지고 보면 '누가 힘들게 했나?'라는 질문 자체가 어불성설이었다. 그래서 왠지 찜찜한 기분으로 수업을 진행하였다. 그런데 한 학생이 '완득이를 힘들게 하는 사람은 한 명도 없다.'란다. 속으로 '제길, 그냥 넘어가 주면 안 되냐?'라고 구시렁거리고 있을 때, 문득 다른 녀석 하나가 손을 들며 이렇게 말했다.

"완득이를 힘들게 한 것은 이 사람들이 아니라 완득이네 가족을 바라보는 다른 사람들의 시선입니다."

이럴 때 교사는 쾌감을 느낀다. 자신이 계획한 대로 물 흐르듯 수업이 진행되는 것도 좋지만, 교사의 의도를 뛰어넘는 학생들의 독특한 생각이 터져 나와 새로운 수업의 길이 열릴 때 김지씨는 놀라움과 기쁨에 사로잡힌다. 그때부터 김지씨는 이야기를 자연스럽게 풀어 갈 수 있었다. 왜 한국 사람들이 이주 여성들에게, 그리고 다른 외국인들에게 곱지 않은 시선을 가지게 되었는지를 이야기할 수 있게 된 것이다.

모처럼 인종 문제에 대해 이런저런 이야기를 풀어 가고 있을 때, 어떤 학생의 서글픈 고백 하나를 듣게 되었다. 어린 시절 호주에서 학교를 다니고 있을 때였다고 한다. 어느 날 길거리를 지나가고 있는데 동네 아이들이 갑자기 자신을 향해 달걀을 던졌다는 것이다. 황인종은 꺼지라는 식의 욕을 하면서 달걀을 던졌는데, 그걸 맞고 나서 '아, 이런 게 인종 차별이구나.'라고 느꼈었단다.

그런데 그와 반대되는 상황을 겪은 학생도 있었다. 집에 가려고 지하철을 탔는데, 자기 옆자리가 비어 있었다고 한다. 그때 마침 흑인 한 명이 지하철에 타더란다. 학생은 당연히 자기 옆에 앉을 거라고 생각했지만, 이 흑인은 머뭇머뭇하며 한참을 서 있다가 조심스럽게 그 자리로 와서 앉았다. 허나 앉은 자세가 굉장히 불편해 보였다. 자리 모서리에 겨우 걸터앉은 자세로 계속 갔기 때문이다. 처음에 그 사람이 왜 그럴까 싶었는데, 생각해 보니 한국 사람들이 흑인을 싫어하는 모습을 하도 자주 봐서 부담스러워 아예 접촉하지 않으려고 그랬던 것 같더란다. 계속 자기를 의식하는 모습을 보며 그 학생은 굉장히 미안한 기분이 들었다고 했다.

위에서 말한 두 학생이 겪었던 사례는 인종 차별과 관련하여 한국인이 처한 극단적인 두 가지 상황을 잘 보여 주는 것이라고 할 수 있다. 인종 차별의 피해자였으면서도, 인종 차별에 앞장서는 이중성. 이 모순을 어떻게 설명할 수 있을까? 이런 질문을 안고 김지씨는 폴해기스의 영화 〈크래쉬〉를 골라 보았다.

#2_ 인종 차별의 연쇄 고리

영화 〈크래쉬〉로 가기 전에 김지씨는 한 편의 만화를 떠올렸다. 아트 슈피겔만의 〈쥐〉라는 만화다. 이 만화는 나치의 홀로코스트를 겪은 작가의 아버지 블라덱 슈피겔만의 회고담을 엮은 것이다. 그런데 이 만화는 아버지를 단순히 피해자로만 그리고 있지 않다. 아버지는 과거의 상처로 고통스러워 하지만, 그 상처를 통해 인종 차별의 부당함을 제대로 배운 것 같지는 않다. 다음 장면을 한번 보자.

— 아트 슈피겔만 지음·권희섭 외 옮김, 《쥐》, 아름드리미디어

흑인을 태워 주었다고 아들에게 불만을 표시하는 아버지의 모습을 담은 장면이다. 아버지는 자신이 인종 차별의 피해자이면서도, 흑인에 대한 인종 차별적인 발언을 하고 있다. 김지씨는 인간이 시행착오를 통해 발전한다고 믿었지만, 인종 차별 문제에는 같은 맥락이 적용되지 않는 것 같아 씁쓸했다. 그렇다면 도대체 왜 이런 일이 벌어졌을까? 이 악순환을 푸는 열쇠를 〈크래쉬〉에서 찾고 싶었다.

일단 이 영화는 등장인물이 많아서 굉장히 혼란스럽다. 그래서 김지씨는 수업을 시작하기 전에 학생들에게 미리 경고를 해 둔다. 이 작품의 등장인물이 적어도 스무 명은 되니까 등장인물이 나올 때마다 인물의 기본적인 정보를 적어 두라고 말이다. 이렇게 하지 않으면 학생들은 중간쯤 보다가 짜증을 부리기도 한다.

이 영화는 인물 간의 관계가 이야기 전개에 가장 중요한 요인으로 작용하고 있기 때문에, 김지씨는 이 영화를 다 보고 난 뒤에 학생들에게 조별로 등장인물 간의 관계도를 그려 보라고 했다. 그렇게 한 결과 학생들은 다음과 같은 그림을 그렸다.

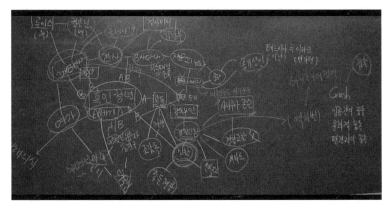

정리가 제대로 안 된 그림이지만, 학생들 의견을 하나씩 추가하다 보니 그림이 이렇게 되어 버렸다.

물론 한 번 만에 이런 그림이 나온 것은 아니다. 첫 번째 조가 발표할 때는 이 인물들이 모두 등장하지 않았다. 빠진 인물이 상당히 많았는데, 계속해서 질문을 던지다 보면 학생들은 하나씩 등장인물을 찾아낸다. 그렇게 협동 작업으로 칠판 한가득 위와 같은 등장인물 간의 관계도가 모습을 드러낸다.

#3_ 차별? 역차별? 도대체 정의란 무엇인가?

학생들이 열심히 그림을 그리는 모습이 기특하고 뿌듯하지만, 솔직히 말해서 이 그림을 볼 때마다 김지씨는 갑갑한 기분이 들곤 한다. 그 이유는 여기에 그려진 대부분의 선들이 갈등과 대립을 의미하기 때문이다. '충돌' 혹은 '사고'를 의미하는 제목 '크래쉬(crash)'는 기본적으로 '교통사고'를 말하는 듯하다. 여러 인종이 교통사고를 계기로 만나게 되는 것이 이 작품의 기본적인 구도이기 때문이다. 그 과정에서 인종 간의 갈등이 더욱 불거지게 되는데, 그렇게 되면서 '교통사고'라는 의미의 '크래쉬'는 '인종 간의 충돌' 혹은 '문화적 충돌'로 의미가 전환된다. 첫 교통사고에서 한국인 피해자(?)가 "멕시코인은 너무 운전을 못해."라고 말할 때부터 인종에 대한 편견이 드러나기 시작한다.

앞서 나온 그림에서 짐작할 수 있듯이 영화에 등장한 대립은 '흑인 대 백인'이라는 상투적인 인종 대립에 그치지 않는다. 이란인, 중남미인, 심지어 한국인까지 등장하여 인종 간의 갈등을 증폭시킨다. 역사적으로 아랍인과 사이가 좋지 않았던 이란인을 오사마 빈 라덴과

바로 이 사람이 막나가는 인종 차별 형사다.

같은 아랍인으로 알고 비난하는 모습이나, 아시아 사람이면 모두 중국 사람이라고 생각하고 잡채나 사 먹으라며 돈을 주는 장면은 인종에 대한 무지가 낳은 오해를 잘 보여 주었다.

또한 인종 역차별의 문제까지도 드러내고 있다. 흑인 감독과 그 아내를 길거리에서 치욕스럽게 검문하는 형사. 이 형사는 흑인에 대한 노골적인 인종 차별적 태도를 보여 준다. 그런데 이 형사가 이렇게 된 데에는 이유가 있었다. 형사의 아버지는 백인이었지만 흑인에 대해 호의적인 태도를 가지고 있었고, 흑인을 고용하여 조그마한 사업체를 운영하고 있었다. 이 사업체는 시청으로부터 나오는 일거리에 크게 의존하고 있었다. 그런데 소수 인종 우대 정책이 시행된 이후 사장이 흑인이 아니라는 이유로 시청으로부터 일거리를 빼앗겨 하루아침에 길거리에 나앉게 되었다. 엎친 데 덮친 격으로 아버지가 고질병에 시달리고 있었는데, 건강 보험을 담당하는 흑인 담당자에게 계속해서 수모에 가까운 대우를 받게 된다. 이런 이유로 형사는 흑인에게 증오심을 품게 된 것이다.

역차별의 문제는 또 한 번 중요한 사건으로 등장하는데, 바로 주인공 그래엄 워터스와 연관된 것이다. 그래엄 워터스는 한 흑인 형사가 백인 형사에게 총을 맞고 사망한 사건을 조사하게 된다. '로드니킹 사건'처럼 백인 형사가 검문 중에 흑인에 대한 편견에 사로잡혀 과잉 대응하였고, 그로 인해 우발적으로 총을 쏜 사건이라고 할 수 있다. 백인 경찰의 과잉 대응 때문에 흑인들의 인종적 불만이 한꺼번에 터져 나오는 계기가 될 수 있을 만한 사건이었다.

하지만 흑인 형사의 트렁크에서 돈다발이 나오는 등 다른 정황 증거들이 하나 둘 포착되면서, 마약 거래를 위해 차를 타고 이동하던 흑인 형사를 검문하던 백인 형사의 정당방위임이 밝혀지게 되었다. 그래엄 워터스는 밝혀진 증거를 바탕으로 백인 형사의 무죄를 이끌어 내려고 했지만, 문제는 검사였다. 흑인들의 표가 떨어져 나가는 것을 두려워하여, 검사는 이 사건을 백인 형사의 과잉 대응으로 몰아갈 것을 제안했기 때문이다. 결국 그래엄은 자신의 안위와 진실을 바꾸는 거래에 응하고 만다. 백인 형사가 정치적 역학 관계로 인한 역차별의 희생양이 되는 순간이었다.

이렇게 뒤엉킨 인종 간의 증오를 어디서부터 풀어야 할지 상당히 난감해진다. 물론 영화는 우연성에 기댄 낙관적이고 훈훈한 결말을 제시하고는 있다. '투명 망토'와 관련된 에피소드와 함께, 자신을 성추행했던 백인 경찰관에 의해 극적으로 목숨을 건지게 되는 흑인 감독 부인의 이야기가 나오면서 뿌리 깊은 인종 갈등을 풀 수 있는 긍정적인 실마리를 제시해 주고 있기 때문이다.

하지만 이렇게 행복한 결말로 매듭짓기에는 뭔가 뒷맛이 개운치 않다. 학생들은 이 장면에서 어떤 정서적 위안을 얻기는 하지만, 까칠한 김지씨 눈에는 맘에 들지 않은 해결책이었다. 그런데 이 영화로 수업을 열 번쯤 반복하면서 그때마다 결말을 되새겨 보니, 우연적이며 낙관적인 결말이 이 영화가 제시하는 유일한 대답이 아니라는 것을 알 수 있었다. 영화는 의외로 다른 이야기를 하고 있었다.

#4_ 겉으로만 관대한 척? 그게 최선입니까?

이 영화에는 너무나 많은 갈등이 등장하기 때문에 모든 인종 갈등을 소개하기가 힘들다. 하지만 그중에서 주목할 만한 갈등 양상이 있다. 수업이 끝날 때쯤 김지씨는 학생들에게 이런 질문을 던진다.

등장인물들 가운데 가장 비참한 결말을 맞는 인물은 누구인가?

막나가는 인종 차별 형사는 교통사고를 당한, 자신이 성추행했던 흑인 감독의 아내를 구하면서 나름의 깨달음을 얻게 된다. 그리고 백인에 대한 증오를 가지고 있던 흑인 강탈범은 흑인 감독의 계몽으로 생각을 바꾸고 불법으로 이민 온 태국 사람들을 구하게 된다. 이런 훈훈한 결말을 가진 영화에 비참한 결말을 맞는 인물이 있을까?

학생들은 이 질문에 대해 세 명 정도를 꼽는다. 그 셋은 흑인 형사인 주인공 그래엄 워터스와 실수로 그래엄 워터스의 동생을 죽이게 되는 백인 형사 핸슨, 그리고 핸슨에게 죽임을 당한 그래엄 워터스의 동생 피터 워터스이다. 억울하게 죽은 피터는 이해가 되지만, 나머지

그래엄 워터스. 폴 루세사바기나와 헷갈리지 마시길.

두 사람은 왜 비참한 결말을 맞게 되었을까? 이 두 사람의 면모를
살펴보면 이유를 짐작할 수 있지 않을까.

그래엄 워터스는 겉으로 보기에는 번듯한 인물로 묘사되어 있다.
흑인이면서도 경찰서 내에서 비교적 높은 지위를 차지하고 있는, 한
마디로 자수성가형 인물이다. 그래서 그런지 가족에게는 무관심한
채 자신의 출세와 영달을 위해 살아가고 있다. 집을 나가 방황하는
동생과 정신이 오락가락하는 어머니를 버려두고, 자기 혼자 유능한
형사로 살아간다. 흑인이라는 태생적 한계와 거리를 두려고 노력하
는 것으로 보인다. 뿐만 아니라 영화의 표현을 빌리자면 "인종 차별
주의자들이 득실득실하는" LA 경찰서에서 자신의 신분 상승을 위해
진실을 은폐하고 불의와 타협할 수 있을 만큼 이기적인 인물이다.

그와 달리 백인 형사 핸슨은 처음에는 상당히 긍정적인 인물로 그
려진다. 그는 인종 차별을 일삼는 고참 형사의 행동을 참기 힘들어
순찰조 재편성을 요구한다. 그러나 상관의 압력으로 처음 의도와는

달리 '성격적 결함'이라는 말도 안 되는 이유로 순찰조가 재편성되어 본의 아니게 피해를 입기도 한다. 그래도 그는 그 상황을 감내한다. 문제는 그래엄의 동생 피터와의 만남에서 발생한다. 추위에 떨고 있던 피터를 태워 준 핸슨은 피터를 끊임없이 의심의 눈초리로 쳐다본다. 인종 차별의 문제에 관대하던 그도 막상 흑인과 둘이서 한적한 길에서 차를 같이 타고 있는 상황에 불안감을 가지게 된 것이다. 피터의 모든 행동을 의심스럽게 바라보던 그는 사소한 문제로 말다툼을 벌이다가 결국 피터를 총으로 쏘게 된다. 피터에 대한 오해 때문에 총을 쏘았다는 것을 깨닫게 된 그는 시체를 내다 버린 뒤에 증거를 없애기 위해 자신의 차를 불태운다.

그렇다면 이 두 사람의 공통점은 무엇일까? 겉으로는 관대한 척하지만, 인종 차별의 감정을 앙금처럼 가지고 있다는 점이다. 한마디로 겉과 속이 다른 인물이다. 영화는 인종 차별로 물들어 있을지언정, 겉과 속이 같았던 다른 인물들에게는 '변화 가능성'이라는 면죄부를 주고 있다. 하지만 앞서 말한 두 인물처럼 표리부동한 인물에 대해서는 비참한 결말을 안긴다.

이 부분에 영화의 중요한 메시지가 담겨 있다고 생각한다. 자신은 관대한 사람이라고 믿고 있지만 결정적인 순간이 되면 인종 차별의 현실을 인정하고 편견에 의해 움직이는 인물에게 영화는 파국을 선물하는 것이다. 물론 표면적으로 드러나는 극단적인 증오나 차별도 심각한 문제지만, 진정으로 인종 차별을 극복하기 위해서는 겉으로만 만연해 있는 관용적 태도의 이면을 들여다볼 수 있는 용기가 필요하다는 사실을 김지씨는 이 영화에서 읽어 낼 수 있었다.

요즘은 학생들이 다양한 매체를 통해 외국인을 접할 수 있어서 다른 인종에 대해 과거보다 호의적인 태도를 가지고 있다. 김지씨는 "저는 흑인이 더 멋있던데요." 같은 어설픈 호감을 수업 시간에 자주 만난다. 하지만 이런 태도가 진정한 포용력에서 우러나온 것인지 김지씨는 여전히 의심스럽다.

그러나 김지씨도 사실 이 부분에 대해서 할 말이 없다. 〈완득이〉 수업에서 인종 차별의 부당함을 설파한 날 저녁, 김지씨는 학교 선생님들과 함께 홍대 재즈바에 음악을 들으러 갔었다. 옆자리에 웬 흑인이 앉아 있어서 김지씨는 자기도 모르게 뭔 신기한 동물 바라보듯이 한참을 쳐다보았다. 같이 간 다른 선생님들이 김지씨에게 지적을 해줘서 결국 시선을 거둘 수 있었다.

김지씨도 여전히 외국인에 대해 촌스러운 이질감을 느끼고 있었다는 게 만천하에 공개된 순간이었다. 부끄러워 쥐구멍에라도 들어가고 싶은 심정이었다. 영화 〈크래쉬〉는 이런 표리부동함에 대해 경고하고 있다는 생각이 든다.

#5_ Am I blue?

재미있는 것은 이 영화에 한국인도 등장한다는 점이다. 영화에 묘사된 한국인의 모습은 말 그대로 'ugly korean'이다. 김지씨는 인종 갈등의 문제를 다룬 스파이크 리 감독의 영화 〈똑바로 살아라〉를 본 적이 있는데, 그 영화에서 한국인에 대한 흑인들의 인상은 그다지 좋은 편이 아니었다. 물론 한국 사람들은 외국에서 한국인이 좋은 이미지로 비춰지기를 바라고 있으며 어느 정도 그렇다고 믿고 싶겠지만, 동남아에서건 미국에서건 그리 좋은 평가를 받고 있는 것 같지 않다. 식민 통치라는 역사적 경험에도 불구하고, 우리는 별로 배운 것이 없는 모양이다. 이를테면 앞서 말한 아트 슈피겔만의 아버지인 블라덱 슈피겔만과 비슷한 모양새인 셈이다.

블라덱 슈피겔만이 그러했듯이 지금 팔레스타인에서 벌어지고 있는 행태를 지켜보노라면 유태인들의 역사의식에 대한 불신이 생겨날 수밖에 없다. 가자 지구에서는 한 순간도 평화롭게 지낼 수 없는 팔레스타인 사람들의 외침이 전 세계를 향하고 있지만, 이스라엘은 언제든지 그 평화와 안전을 파괴할 권리를 가지고 있다고 생각하고 있는 것 같기 때문이다.

그러나 김지씨는 얼마 전에 읽은 소설에서 인종 문제 해결의 조그만 가능성을 찾아냈다. 그 소설은 《Am I Blue?》라는 소설집에 실려 있는 〈어쩌면 우리는〉이라는 소설이었다. 《Am I Blue?》는 동성애 문제로 고민하는 청소년의 이야기를 다루고 있는 소설을 묶어 놓은 책이다.

〈어쩌면 우리는〉은 자신이 동성애자라는 사실을 할머니에게 밝힐지 말지를 고민하는 한 아이의 이야기를 다루고 있다. 주인공 앨리슨은 어머니에게 커밍아웃을 했지만 싸늘한 반응만 돌아왔다. 그래서 앨리슨이 할머니에게도 말하겠다고 하자 어머니는 강력하게 반발한다. 하지만 앨리슨은 할머니에게 사실을 모두 털어놓았다. 그때 할머니는 뜻밖에도 제2차 세계 대전이 일어나기 전에 독일 친구의 집을 방문했던 자신의 경험을 들려주면서 앨리슨을 지지하고 이해해 주었다. 이 소설의 말미에는 소설을 쓰게 된 바탕 체험이 다음과 같이 적혀 있다.

〈어쩌면 우리는〉은 한 유대인 정신 분석학자의 이야기에서 영감을 얻어 쓴 것입니다. 그는 십대 소녀 시절에 히틀러 집권 직후의 독일을 여행하던 중 겪은 일을 내게 들려주었습니다. 나는 그 이야기를 할머니에게 '커밍아웃'한 친구한테 들려주었습니다. 이 친구는 할머니가 견디지 못할 것이라는 어머니의 만류를 무릅쓰고 자기가 레즈비언이라고 말씀드렸습니다. 그런데 놀랍게도 가족 중에서 친구를 이해해 준 사람은 할머니밖에 없었다고 합니다. 할머니는 생전에 편견이라면 치가 떨리도록 겪었다면서 손녀에게 "여자 친구를 한번 데리고 오너라."라고 하셨답니다.

— 메리언 데인 바우어 외 지음 · 조응주 옮김, 《앰 아이 블루?》, 낭기열라

편견이 낳은 비극적인 일들을 몸소 체험한 사람이 가질 수 있는 관용과 이해. 이것이 인종 갈등 문제를 푸는 씨앗이지 않을까. 더불어 시행착오의 과정을 돌아보고 또 다른 비극을 만들지 않으려는 노력 또한 필요하다.

김지씨는 학교 선생님들과 동아리 활동으로 '맹자 강독'을 한 적이 있었다. 그때 같이 하던 한문 선생님에게서 '推(추)'라는 글자에 대해 배웠다. 이 글자는 원래 '옮다'라는 뜻이지만, 이 글자가 나온 맥락을 살펴보면 의미는 좀 더 심오해진다.

맹자가 제나라 선왕을 만나 백성을 위한 정치를 하라고 설득하는 장면의 이야기이다.

제나라 선왕이 자신이 백성을 보호하는 정치를 할 자질이 있냐며 조심스럽게 맹자에게 묻는다. 맹자는 그때 선왕에 관해 자신이 일찍이 들었던 이야기에 대해 확인 차 묻는다. 종(鐘)을 수리하기 위해 소

를 희생시키는 풍습을 보다 못한 왕이 소를 양으로 바꿔 쓰라고 했다더니 그게 사실이냐고 물어본 것이다. 왕이 그렇다고 하자 "아니 소를 양으로 바꿔 쓴 건 돈이 아까워서 그런 게 아니지 않소?"라고 맹자가 반문한다. 왕은 당연히 소가 희생되는 모습이 안쓰러워 그랬다고 한다. 그러자 맹자가 "그럼 양은 불쌍하지 않소?"라고 또 묻는다. 집요하다. 왕은 그제야 무릎을 친다. 그 찰나를 놓치지 않고 맹자는 왕을 설득해 들어간다. 이것이 바로 인(仁)을 실행하는 방법이란다. 그러면서 다음과 같이 이야기를 풀어 가신다.

따라서 연민의 마음을 확장시킨다면(推恩) 사해(四海) 안의 모든 사람들을 돌볼 수 있습니다. 그렇지 않으면 자신의 가족조차도 돌볼 수 없습니다. 고대인들이 남들보다 크게 뛰어났던 점이 하나 있는데, 그것은 자신이 하는 일을 잘 확장시켜 나갔다(推其所爲)는 것입니다. 그렇다면 연민의 감정이 짐승에게는 충분히 미치면서도 선한 행위가 백성들에게 미치지 않는 까닭은 무엇입니까?

김지씨는 무릎을 쳤다. 여기서 '推'라는 한자는 '어떤 사람이 받아들이지 않는 것이 그 사람이 실제로 받아들이는 것과 (논리적으로) 같을 때, 그 사람이 받아들이지 않는 것을 인정하게 하는 것'이라는 의미를 함축하고 있다. 그렇다면 지금까지 살펴본 인종 문제의 답이 바로 이 '推'라는 한자에 담겨 있다고 해도 되지 않을까? 물론 인간이 어떻게 이성적이기만 하겠느냐고 반문하면 할 말이 없지만, 이런 문제를 해결하는 데 인간의 이성에 기대지 않는다면 어떤 해결책이 가능하겠는가, 하고 김지씨는 다시 반문하고 싶은 심정이다.

세계 곳곳에서 여전히 벌어지고 있는 심각하고 추악한 인종 갈등의 사슬에서 벗어나기 위해 인간의 이성을 믿는 것은 너무나 순진한 일이 아닐까 싶어 두렵고 불안하지만, 그러지 않는다면 과연 학생들 앞에서 그 어떤 것을 자신 있게 말할 수 있을지 의심스럽다. 김지씨는 이 어설프고도 간절한 믿음으로 오늘도 수업을 지속할 수 있기 때문이다. 아무튼 〈호텔 르완다〉로부터 걸어온 이 먼 길에서 얻은 소박한 결론을 김지씨는 다시 한 번 곱씹어 본다.

The Raccoon War Pom Poko

너구리들은 어디로?
폼포코 너구리 대작전

다카하타 이사오 감독의 〈폼포코 너구리 대작전〉(1994)은 인간의 무분별한 개발로 삶의 터전에서 쫓겨나는 너구리들의 반격을 유쾌하면서도 서글프게 그린 영화이다. 이 영화는 산업화 시대에 대도시의 주거 공간을 확보하기 위해 환경에 대한 고민 없이 난개발을 자행했던 1990년대 초반의 일본이 배경이다. 너구리들은 무자비하게 자신들의 터전을 짓밟는 인간에게 대항하기 위해 변신술을 연마하여 맞서 싸우게 된다. 너구리의 변신술이라는 일본의 전통적 상상력이 흥미롭기도 하지만, 영화 후반부로 갈수록 사력을 다한 너구리들의 저항이 물거품으로 돌아가는 상황에 슬픔을 느끼게 된다. 이 속에서 저항을 고민하는 사람들의 태도와 함께 무분별한 개발이 어떤 결말을 낳았는지를 함께 이야기한다면 영화가 던지는 메시지에 좀 더 깊이 공감할 수 있을 듯하다.

#1_ 그 많던 제비는 어디로 갔을까?

어린 시절 김지씨는 아파트에서 살았다. 주택 공사에서 대량으로 공급한 5층짜리 주공아파트. 아파트가 5층이었던 이유는 아마도 엘리베이터 없이 오를 수 있는 최대의 높이가 5층이었기 때문일 거라고 김지씨는 알고 있다. 엘리베이터도 없고 출입문 통제 시스템도 없는 허름한 아파트였던 것 같다. 더군다나 김지씨의 집은 1층이어서 더더욱 아파트 같은 느낌이 들지 않았다.

허름하고 좁은 13평짜리 주공아파트에 살았다면 뭔가 주눅 들고 기가 죽었을 것 같지만, 친구들도 거의 다 그런 아파트에 살았기에 김지씨는 이질감이나 열등감 같은 것을 느끼지 않았다. 그때 김지씨는 같은 아파트에 살던 친구들과 함께 밤늦도록 술래잡기를 하곤 했었다. 이제 막 초등학교 다니는 자녀를 하나씩 둔 사람들이 주로 들어와 살던 아파트여서 그런지 그때에는 같이 놀 만한 친구들도 참 많았던 것 같다. 가끔 TV에서 "그때를 아십니까?"라면서 보여 주는 놀이인 '구슬치기, 딱지치기, 다방구, 오징어' 같은 놀이를 함께 할 친구들이 언제나 널려 있었다.

그런데 그때를 떠올리면 배경처럼 생각나는 것이 있다. 해 질 무렵 어스름할 때 날아다니던 박쥐들과 비가 오려고 날이 어스름해지면 땅을 훑으며 낮게 날던 제비들이다. 그때는 어쩜 그렇게 박쥐, 제비, 참새 같은 동물('새'라고 하고 싶지만 박쥐는 새가 아니니)이 주변에 많았는지 지금도 궁금하다. 특히 김지씨 동네에는 박쥐가 많았는데, 박쥐를 잡아서 자랑을 하던 친구의 모습이 지금도 생각난다. 뿐만 아니라 아파트 베란다 구석에 집을 짓고 살던 제비도 마찬가지다. 제비 집을

이런 제비 집이 김지씨네 베란다에도 있었던 것 같다.

치워 버리면 놀부처럼 벌을 받을까 봐 불안해할 정도로 순진했던 시절이 김지씨에게도 있었다.

서울에서 터를 잡고 살게 된 지 20년이 다 되어 가는 지금, 김지씨는 박쥐는커녕 제비조차 구경하기가 힘들다는 것을 알게 되었다. 옛날에는 제비 집이 하도 많아서 문제가 되곤 했었는데 말이다. '그 많던 제비는 다 어디로 갔을까.' 생각해 보면 제비만 그런 건 아니다. 중학교 생물 시간에 개구리 해부를 했는데, 그 전날 숙제가 '개구리 잡아 오기'였다. 그런 숙제를 받아들고 황당하다는 표정을 지었던 친구가 하나도 없었다는 걸 생각해 보면, 그때는 개구리도 주변에서 흔하게 볼 수 있었던 것 같다. 아무튼 이런 동물들이 한꺼번에 싹 다 죽은 게 아니라면 어딘가로 갔을 텐데, 도대체 어디로 갔는지 궁금했다. 어디로 가 버린 게 아니라면 흔히 말하는 환경 오염 때문에 전체 숫자가 줄어든 것일까?

어쨌거나 김지씨가 이런 생각을 떠올리게 된 건 바로 이 영화 〈폼포코 너구리 대작전〉을 보고 난 뒤였다. 이 영화는 인간 주변에 함께 살던 너구리들이 어떻게 사라져 갔는지를 보여 주는 영화이기 때문이다. 이 영화는 인간이 주거지를 확보하기 위해 무분별하게 자연을 파괴하고 개발을 하게 되면서 생활의 터전을 뺏기게 된 너구리들의 상황에서 사건이 시작된다. 처음에는 점점 좁아져 가는 서식지를 놓고 너구리들끼리 서로 싸움을 벌였지만, 삶의 터전을 빼앗는 것이 포크레인을 앞세운 '인간'이라는 것을 깨닫게 된 너구리들은 힘을 모아 서식지를 지키기로 결정한다. 그리고 이 싸움의 과정이 바로 이 영화의 중심 내용이다. 이런 점에서 너구리들이 어떻게 인간과의 싸움을 이끌어 가는지 살펴보는 것이 영화의 맥을 잡아 가는 방법이 될 듯싶었다.

#2_ 너구리들은 어떻게 싸웠을까?

김지씨는 '너구리들은 서식지를 침범하는 인간에 맞서 어떻게 싸웠을까?'라는 질문을 학생들에게 던져 보았다. 하지만 질문을 해 놓고 난 뒤에 학생들의 반응을 본 김지씨는 당황할 수밖에 없었다. 학생들은 '변신술을 활용해서 싸웠다.'라고 간단하게 대답을 끝내 버렸기 때문이다. 물론 너구리들은 영화 속에서 변신술을 활용해서 인간과 맞서 싸운다. 그렇다면 왜 하필 '너구리'이고, 왜 하필 '변신술'일까? 그건 아마도 김지씨가 잘 모르는 일본 전통문화와 연관이 있는 게 아닐까 싶었다. 우리나라에서는 백 년 묵은 여우가 사람으로 둔갑을 하듯이, 일본에서는 너구리가 여러 가지 모양으로 변신할 수 있는 신통한 동물이라고 여겨지는 듯했다.

이런 식으로 한국과 일본 전통문화의 공통점과 차이점을 짚어 보는 것도 좋은 수업일 수 있다. 하지만 '이 영화에서 이런 내용을 다루는 게 진짜는 아니잖아?'라는 불만스러운 물음이 김지씨의 마음속 깊은 곳에서 울리기 시작했다. 그래서 김지씨는 새로운 방향을 모색했다. "아니 변신술은 변신술인데, 그걸 가지고 어떻게 했냐고?"라고 학생들에게 따지듯이 되물었다. 하지만 학생들은 뭘 물어보는 건지 감을 잡지 못했다. 김지씨는 너구리들이 변신술을 활용해서 싸울 때, 그 과정이 어떻게 전개되었는지를 차근차근 따져 가고 싶었다. 변신술을 갈고닦은 후에 그것을 활용하여 인간과 맞서 싸울 수 있게 된 것은 맞지만, 그걸 어떤 방식으로 활용했는지가 중요하기 때문이다. 특히 너구리들 사이에서도 인간을 바라보는 관점과 태도에 따라 변신술을 활용하는 방법에 차이가 있었다. 그래서 김지씨는 다시 질문했다.

너구리들이 싸움의 방식을 결정할 때, 쇼우키치와 곤타가 주장한 것은 어떻게 다른가?

인간에 대한 너구리들의 저항 방식은 크게 두 가지로 나뉜다. 하나는 '곤타'라는 너구리를 중심으로 한 극단적인 저항 방식이고, 다른 하나는 '쇼우키치'라는 너구리가 주장하는 온건한 저항 방식이다. 인간을 쫓아내기 위해 할 수 있는 방법을 최대한 동원하자는 것이 곤타의 주장인데, 인간을 해치거나 죽여도 좋다는 극단적인 방법도 포함된다. 초반에 너구리들은 곤타의 말에 따라 교통사고를 유발하기도 하고, 공사 장비를 파괴하기도 하는 등 폭력적인 수단을 동원하여 인간을 위협한다. 인간은 예기치 않은 사건 사고로 인명 피해가 발생하자 공사를 일시 중단하게 되고, 너구리들은 이것을 승리로 받아들여 축하 잔치를 벌인다.

하지만 몇 건의 사건 사고로 공사를 멈출 인간이 아니었다. 타마 뉴타운 계획은 이런 사고에도 불구하고 그대로 진행되었다. 곤타의 강경 방식이 별 소득 없이 끝나게 된 것이다. 그리고 그 과정에서 강경파의 핵심인 곤타 또한 큰 부상을 입게 되면서 너구리들은 투쟁 방식을 바꾸기로 결정한다. 인간이 가지고 있던 미신적 두려움을 이용하기로 한 것이다.

인간의 문화를 잘 이해하고 있던 온건파 쇼우키치는 인간이 예부터 가지고 있던 미신을 최대한 자극하여 사람들 마음을 불편하게 만드는 수단으로 변신술을 활용한다. 예를 들어, 우리나라와 마찬가지로 일본에서도 공사를 시작할 때 고사를 지내는데 고사를 지내는 자리에 변신한 너구리들이 불길한 징조를 보여 준다든지, 아니면 밤길에 귀신으로 등장하여 무서운 소문을 퍼뜨리게 한다든지 하는 방식으로 인간을 위협하기 시작한 것이다.

이런 방식의 압권은 쇼우키치와 그의 여자 친구 너구리가 아기 동자로 변신하여 공사장 인부들이 일하고 있는 숙소에 밤늦게 나타나 사람들을 깜짝 놀라게 하는 장면이었다. 인부들은 이 모습을 보고 공사장에 저주가 내렸으며, 괜히 잘못 건드렸다가는 우리 식으로 말해 '동티'를 입을 것 같다는 생각으로 다음 날 모두 숙소를 떠나게 된다. 이것이 쇼우키치 방식으로 거둔 최고의 성과였다. 너구리들은 쇼우키치의 업적을 축하하며 또다시 잔치를 벌였다.

한밤중에 이런 얼굴 없는 사람을 만난다면 놀라지 않을 사람이 얼마나 있을까? 이런 식으로 너구리
들은 인간에게 저항을 한다.

하지만 그것도 잠시. 공사는 곧 재개되었다. 공사장 인부들이 떠난 자리를 대신 채울 사람들이 전국 각지에서 몰려들었기 때문이었다. 인부들이 떠날 때마다 금방금방 새로운 사람들이 채워지니 너구리들은 절망감에 빠질 수밖에 없었다. 그리고 결국에는 너구리들의 정체만 탄로 나게 되어 상황은 더 안 좋아졌다. 그래서 너구리들은 문명개화 이후 인간이 행한 너구리 사냥으로 도처에서 죽음을 맞았던 아픈 역사를 되새기면서, 인간의 복수심을 자극하지 말아야겠다고 다짐하게 된다.

두 가지 저항 방식이 모두 실패로 돌아가게 된 것을 확인하고 난 뒤에, 김지씨는 학생들에게 질문을 하나 던졌다.

그렇다면 누구의 방식이 더 옳은 것일까?

이 질문은 처음 던졌던 질문보다는 한껏 팽팽한 긴장감을 조성한다. 어떻게든 자신의 생각을 명확하게 표현할 수밖에 없는 질문이기 때문이다. ("둘 다 맞아요." 혹은 "둘 다 틀려요."라고 이야기하는 학생들에게는 "그래도 굳이 골라야 한다면?"이라고 압박한다.)

이 질문에, 쇼우키치의 온건한 저항 방식이 더 옳다고 대답하는 학생이 많았다. 그러나 "그렇게까지 해야겠어?" 혹은 "어떤 상황에서라도 폭력은 나쁜 거야."라는 물에 물 탄 듯, 술에 술 탄 듯한 이유가 대부분이었다. 쇼우키치의 저항 방식이 왜 더 나은지 좀 더 구체적으로 말해 보라고 하면 비폭력 저항을 주장한 간디 이야기도 나오고, 안중근이나 윤봉길 의사 이야기도 나오고 별의별 이야기들이 다 쏟아져 나온다.

생각보다 이 질문은 삶에 대해 진지한 고민을 하게 만든다. 김지씨도 이 질문에 대한 답을 찾기 위해 헨리 데이빗 소로우의 '시민 불복종' 이론을 비롯해 이것저것 자료를 찾아봤지만, 명확한 답을 찾기는 어려웠다. 소심한 김지씨의 성격에 폭력적인 선택이 어울릴 리는 없지만, 삶의 존엄성을 위협하는 극한적인 상황 속에서 자신의 터전을 지키기 위해 폭력을 사용하는 것은 정당화될 수 있는 것이 아닌가 하는 생각 또한 하고 있다.

이 책을 읽는 선생님들 중에서 이 부분에 꽂히는 분이 있으시다면 이 주제로 학생들과 깊이 이야기하는 것도 좋겠다고 김지씨는 생각한다. 요즘처럼 소수자들의 목소리를 권력의 힘으로 누르는 사건이 자주 들려오는 상황에서 이 사회를 똑바로 이해하고 움직일 수 있게 하는 주제가 아닐까 싶다. 하지만 김지씨 힘에는 살짝 부치는 주제라서 김수영 시인의 말대로 "절정에는 서 있지 않고" 살짝 비껴가려고 했지만, 한 가지 꼭 짚어 봐야 할 부분은 있었다. 인간의 방법을 배워 인간을 이겨 보자는 쇼우키치의 '실력 양성론'이 너구리들에게 심각한 부작용을 낳았다는 점이다. 김지씨는 이 부분을 파고들기로 마음먹었다.

#3_ 너구리들은 어떻게 변해 갔을까?

인간에 대항하기 위한 여러 가지 방법이 모두 수포로 돌아가자, 너구리들의 상황은 더욱 심각하게 돌아간다. 날씨는 점점 추워지고, 공사가 계속 진행되면서 먹이를 구할 수 있는 장소가 점점 좁아지게 된 것이다. 그러다 보니 먹을 것을 찾아 인가 주변을 맴돌던 너구리들이 불의의 사고로 죽음을 맞이하는 경우가 흔해졌다. 점점 궁지로 몰리고 있다는 것을 느끼고 있을 때쯤, 부상에서 완쾌한 곤타는 다시 극단적이며 폭력적인 저항 방식을 제안한다. 곤타의 제안이 가진 한계를 알고 있던 쇼우키치의 논리적인 반론으로 그 제안이 쉽게 채택되지 않자, 곤타는 자신을 중심으로 똘똘 뭉친 극렬파 몇몇을 내세워 폭력 쿠데타를 주도하면서 일촉즉발의 상황까지 몰고 간다. 하지만 쿠데타는 인간에게나 가능한 것이었다.

너구리들의 무사태평한 성격 때문에 심각한 상황은 채 10분을 넘기지 못한다. 먹는 것 이야기에 갈등이 금방 해소되어 버리기 때문이다. 결국 너구리들은 대응책을 결정하지도 못한 채, 시코쿠의 영험한 장로에게 도움을 청하러 떠난 타마자부로라는 너구리를 막연히 기다릴 뿐이었다.

그런데 김지씨는 이 장면이 유독 눈에 들어왔다. 갈등이 최고조에 이른 상황에서도 쥐를 어떻게 먹는 것이 맛있는지를 놓고 이야기하느라 날선 대립이 흐지부지되어 버릴 정도로 천성이 너그럽고 장난치기를 좋아하는 너구리들에게 갈등, 투쟁, 쿠데타와 같은 심각한 이야기들이 왜 등장하게 되었는지 궁금해졌기 때문이다. 너구리들이 인간과 싸우는 과정에서 너구리의 본성을 거스르며 인간의 모습을 닮아 간 결과가 아닐까 하고 생각해 보았다. 그래서 김지씨는 학습지에 이런 질문을 추가했다.

'인간과 싸우면서 너구리들은 어떻게 변해 갔는가?'

하지만 이 질문은 좀 막연했다. 그러면 어떻게 하는 게 좋을까? 김지씨는 구체적인 소재에 주목했다. 결국 김지씨가 선택한 질문은 이것이었다.

너구리들이 인간과 싸우기 위해 자신들의 은신처로 가져온 물건은 무엇인가? 그것은 너구리들에게 어떤 영향을 끼쳤는가?

너구리들은 처음에 자신들의 터전을 침범하는 인간을 이기기 위해 인간의 생활 습성을 배우기로 마음먹었다. 그래서 가져온 물건이 바로 'TV'였다. 너구리들은 인간 주변을 맴돌며 그들의 삶을 배우려 했고, 인간이 버린 TV를 주워 와 하루 종일 틀어 놓고 모니터링하면서 인간의 삶을 배우려고 힘쓴다. 그런데 전략적으로 들여놓았던 TV에 많은 너구리들이 빠져들어 정신을 못 차리고 열광하기 시작했다. 너구리들이 점점 인간의 문화에 빠져들어 간 것이다. 결과적으로 적을 이기기 위해 적을 배우자는 쇼우키치의 온건한 실력 양성론이 심각한 부작용을 일으킨 것이라고 볼 수 있다. 이것이 바로 김지씨가

너구리들이 TV에 빠져 있는 모습

주목했던 장면이다.

　더욱 심각한 점은 TV를 보면서 너구리들이 무섭게 빠져들어 간 인간의 문화라는 것이 결국 욕망에 충실한 '자본주의 문화'라는 것이다. 너구리들이 음식 프로그램을 보면서 침을 흘리고, 격투기 중계 장면을 보면서 흥분하는 장면이 나오는데, 이 짤막한 두 장면에서 김지씨는 너구리들이 점점 인간의 문화, 그중에서도 '자본주의 문화'에 깊이 빠져들어 가고 있다는 점을 포착할 수 있었다. 식욕이라는 인간의 기본적인 욕망을 자극하는 음식 프로그램과 안전한 쾌락을 선사하여 심각한 현실로부터 눈을 돌리게 하는 스포츠 프로그램은 너구리들의 거주지를 잠식해 들어오는 무제한적 개발 욕망에 사로잡힌 자본주의 문화의 다른 이름이라고 해도 과언이 아닐 듯싶었다.

　물론 격투기나 음식 프로그램에서 이름도 거창한 자본주의 문화를 읽어 낸 게 일종의 침소봉대가 아니냐고 비판할 수도 있다. 하지만 그 증거를 영화 속에서 더 찾아낼 수 있었기에 김지씨는 득의만만

해졌다. 격론이 오고 가는 너구리들의 회의가 끝나고 서로의 감정이 상할 대로 상해 버렸을 때, 너구리들은 '맥도날드' 햄버거를 먹으면서 기분을 푼다. 그런데 이 맥도날드 햄버거라는 것이 코카콜라와 함께 자본주의 문화의 상징처럼 받아들여지는 상품이 아닌가 말이다.

쉴 새 없이 우리 삶을 잠식해 들어오는 자본주의 문화의 첨병인 TV에 종속된 채 주말을 리모컨에게 헌납한 김지씨가 차마 할 말은 아니지만, 몸과 마음 속속들이 지배하는 자본주의 문화의 힘에 차츰 굴복해 가는 너구리들의 모습에서 이 영화가 보여 주는 잔혹한 아이러니를 느낄 수 있었다. 그리고 온건한 실력 양성론이 가진 허구성에 대해서도 다시 생각해 볼 수 있는 계기가 되었다.

#4_ 너구리들은 어디로 갔을까?

어쨌거나 너구리들은 자신의 터전을 잃어 감과 동시에, 그들만이 가지고 있던 미덕을 하나씩 잃어 간다. 그러면서 너구리들은 점점 막다른 길로 치닫게 된다. 그럴 때 그들 앞에 구원자로 시코쿠의 장로들이 등장한다. 이 장로들은 신통력을 가지고 있어서, 시코쿠 지역 사람들에게 여전히 영향력을 미치고 있는 존재라는 소문이 들려오고 있었다. 물에 빠진 사람이 지푸라기라도 잡는 심정으로 타마 언덕의 너구리들은 시코쿠의 장로 너구리들을 중심으로 마지막 저항을 계획하게 된다.

그 마지막 저항은 너구리들이 그간 갈고닦은 변신술을 총동원하여, 타마 뉴타운 한복판에 유령의 행렬을 만들어 내는 것이었다. 너구리들은 혼신의 힘을 다해 사람들이 두려워할 만한 유령들을 만들어 내었다. 이것을 보며 사람들이 경외감을 느끼기를 바랐고, 이 경외감으로 인해 인간이 자행하고 있는 파괴적 개발을 스스로 멈출 수 있기를 바랐다. 또한 일본의 전통문화와 깊이 결부되어 있는 유령 형상들을 보고 그들의 전통문화에서 소중하게 여기고 있던 가치들을 떠올릴 수 있기를 바라고도 있었다.

김지씨는 학생들에게 다시 이렇게 물었다.

너구리들의 마지막 저항은 무엇이었으며, 그 결과는 어떻게 되었나?

이 질문을 하는 이유는 여러 가지 저항의 방식이 모두 실패로 돌아갔을 때 그들이 택한 마지막 수단인 '유령 행렬'이 사람들에게 어떤 영향을 미치게 되었는지 이해할 필요가 있기 때문이다. 행렬을 처음 본 뉴타운 사람들은 초자연적인 형상들에 어느 정도 놀라움과 두려움을 느끼긴 했다. 하지만 전통 사회에서 사람들이 유령이나 도깨비 같은 초자연적 대상에 대해 느끼던 공포나 경외감 따위와는 전혀 다른 느낌을 가지고 있었다. 자연과 인간이 하나로 어울려 살아가며, 사소한 자연물 하나하나에 생명이 깃들어 있다는 애니미즘적 사고와는 거리가 먼 합리적인 세계관이 지배하는 타마 뉴타운의 사람들에게 유령 행렬은 단지 뉴타운 주변에 새로 들어서기로 한 놀이공원 이벤트쯤으로 치부되고 말았다.

여전히 전통문화에 대한 경외감이 남아 있던 시코쿠와는 달리 자본주의 문화의 중심지 도쿄에서는, 개발을 멈추고 과거와 주변을 다시 한 번 돌아보라는 너구리들의 절박한 호소가 씨알도 먹히지 않았던 것이다. 오히려 너구리들의 가장행렬(?)은 이제 놀이공원 업주의 돈벌이 수단으로 전락하고 말았다. 모든 것을 돈으로 치환하는 '자본주의 문화'에 먹혀 버린 셈이다. (물론 너구리들은 마지막에 돈을 앞세운 인간에게 인간의 방식으로 되갚는 복수를 성공시킨다. 거액의 계약을 체결하기로 하고, 계약금을 들고 온 놀이공원 사장을 속여 그 돈을 강탈하는 것으로 보복을 하는 것이다.)

생각해 보면 이런 결과는 처음부터 예정되어 있는 것이었는지도 모른다. 너구리가 사람으로 변신할 수 있다는 설정이 일본의 전통문화와 깊이 연관되어 있는 것이지만, 요즘 사람들이라면 코웃음을 칠 만한 케케묵은 옛날이야기일 뿐이기 때문이다. 그러니 사람들을 압도하는 신비로운 자연에 두려움을 느끼던 옛날 사람들에게나 먹힐 법한 변신술로 자본주의적 욕망으로 눈이 벌게진 사람들의 무차별적인 개발을 막아 낼 수는 없었던 것이다.

이런 절망적인 결과를 받아 든 너구리들은 결국 각자 어떤 방식으로 최후를 맞이했을까? 극단적인 행동파였던 곤타는, 아사마 산장에서 비참한 최후를 맞이했던 적군파처럼 인간과의 강경한 투쟁 끝에 처절하게 죽음을 맞이한다. 온건파였던 쇼우키치를 비롯한 변신술에 능한 너구리들은 인간으로 변신한 뒤 지금까지 학습한 인간 문화를 잘 활용하여 인간의 삶에 편입해서 살아간다. 즉, 너구리가 너구리로서 살아갈 수 있는 곳은 이제 완전히 사라져 버린 것이다.

그런데 문제는 그도 저도 하지 못하는 너구리들, 즉 변신술을 할 수 없는 나머지 너구리들의 행방이다. 이들은 결국 저승으로 가는 배를 타고 먼 길을 떠나게 된다. 처절하게 저항하지도 못하고, 철저하게 인간 속으로 편입되지도 못하는 너구리들은 마지막 길에서 자신들의 본성대로 웃고 떠들며 이승을 떠나간다. 영화는 너구리들의 처절한 뒷모습에 담담하게 내레이션을 깔지만, 너구리들의 최후가 하나씩 오버랩 되면서 안타까운 마음은 더욱 커져 갔다.

이런 결말을 보며 김지씨는 이 영화가 일종의 우화적 메시지를 전해 주는 영화라는 사실을 다시금 깨닫게 되었다. 이 영화는 자신들을 억압하는 거대한 존재에 저항하는 사람들이 처하게 되는 현실을 너구리의 삶에 빗대어 보여 주고 있었다. 이것은 일제와 싸우던 독립군의 삶과도 겹칠 수 있으며, 1970~80년대 독재 정권과 싸우던 수많은 사람들의 운명과도, 자본주의의 지배에 저항하는 사람들의 모습과도, 나라를 잃어버린 팔레스타인 사람들의 현실과도 겹칠 수 있었다. 극단적이고 폭력적인 저항과 온건하고 타협적인 저항 사이에서 끊임없이 갈등했으며, 그런 고민 속에서 혼신의 힘을 다해 결정하고 실행한 저항의 수단들이 참혹한 현실을 조금도 바꾸지 못했다는 자괴감 속에서 역사의 뒤안길로 사라져 버린 사람들의 모습이 너구리들의 모습에 겹쳐 보이기 시작했다. 극단적 저항파는 비극적 최후를 맞이하고, 온건파들은 자신이 그토록 거부하던 현실에 조금씩 타협해 가며, 그도 저도 아닌 존재들은 결국 억압의 희생양이 되고 마는 결말은 그래서 김지씨를 더욱 슬프게 했다.

#5_ 그 많은 아파트는 다 어떻게 되었을까?

〈폼포코 너구리 대작전〉은 일본 애니메이션의 상징인 '지브리 스튜디오'에서 1994년에 제작된 영화이다. 지브리 스튜디오는 〈이웃집

토토로〉, 〈바람계곡의 나우시카〉, 〈붉은 돼지〉, 〈원령공주〉 등 알 만한 사람들은 다 아는 애니메이션들이 쏟아져 나온 곳이다. 김지씨가 대학 다닐 때쯤에 '지브리 영화'가 인기여서 그때는 무슨 학생회 행사 같은 곳에서 이런 영화들을 상영하던 추억이 방울방울 떠오른다.

이 영화들은 복고적인 향수, 이국적 풍경으로 가득한 화면 속에 환경에 대한 주제 의식 같은 것들을 녹여 냈던 것으로 기억하고 있다. 이 영화 〈폼포코 너구리 대작전〉 또한 '환경'이라는 주제 의식에서 크게 벗어나지 않고 있다. 다만 이 영화는 지브리 스튜디오에서 나온 다른 영화와 한 가지 큰 차이점이 있다. 다른 영화들이 현실도 아니고 상상도 아닌 모호한 시공간을 배경으로 하고 있다면, 이 영화는 영화가 만들어졌던 바로 그 당시인 1990년대 초의 일본 도쿄를 배경으로 하고 있다는 점이 색다르다.

그렇다면 1990년대 초 일본은 어떤 상황이었을까? 그 당시 일본은 버블 경제 붕괴로 인한 장기 불황이라는 심각한 경제 위기의 초입에 들어서고 있었지만, 기존의 관성으로 무분별한 개발이 멈추지 않던 상황이었다. 여전히 도쿄 주변의 뉴타운들은('뉴타운'이라는 외국어 대신에 '신도시'라고 써도 되는데, 김지씨는 굳이 '뉴타운'이라고 쓰려고 한다. 그 이유는 한때 서울을 휩쓸던 '뉴타운' 열풍과 그 당시 일본의 개발 분위기가 흡사하기 때문이다.) 개발 경기의 막차에 올라타 새로운 형태의 주거지로 개발되고 있었다. 이 영화의 공간적 배경이 되는 '타마 뉴타운' 또한 도쿄로부터 약 30킬로미터 정도 떨어진 곳에 개발되던 뉴타운 중 하나였다. 우리로 따지면 일산이나 분당 정도 되는 곳 같은데, 문제는 이 타마 뉴타운이 들어서는 장소가 바로 너구리들의 오랜 서식지인 타마 큐료(큐료는 구릉, 언덕이라는 뜻)라는 점이었다.

포크레인이 산 귀퉁이를 한꺼번에 깎아 내는 모습. 너구리들이 기가 찰 만도 하다.

김지씨는 수업을 위해 다시 이 영화를 꺼내 보면서, 비극적인 너구리들의 결말이 애절하게 느껴졌다. 작년부터 길에서 구해 온 고양이 두 마리를 키우기 시작하면서 주변의 동물에 대한 관심이 더욱 커졌기 때문에 인간 주변을 맴돌다 죽어 가는 너구리들의 뒷모습에 가슴이 짠할 수밖에 없었다. 그래서 너구리들의 이야기를 어떻게 하면 더 절절하게 전달할 수 있을까 하고 고민하면서 여러 가지 자료를 찾던 중에 김지씨는 한 가지 사실을 알게 되었다.

발단은 김지씨의 전셋집에서부터 시작된다. 김지씨가 살고 있는 전셋집에 방수 처리가 잘못되어 비가 많이 오면 물이 새고, 물이 샌 곳에는 곰팡이가 슬면서 졸지에 김지씨는 계약 기간 이전에 집을 나가야 하는 상황이 되었다. 주인과 그러저러한 갈등을 겪으면서 어느 정도 금전적인 문제는 일단락이 되었지만, 새로 집을 구하기 위해서는 어쨌거나 주말마다 아파트를 이리저리 돌아보러 다녀야 했다. 그러다 보니 부동산과 관련된 신문 기사나 뉴스가 눈에 팍팍 들어오게 되었고, 심지어 길거리를 지나다니며 공연히 주변 아파트들을 흘겨보면서 '저 많은 아파트 중에 내 아파트는 왜 없나?' 하는 억하심정을 품기도 했다. 그러던 중에 〈KBS 스페셜〉이라는 프로그램에서 방영한 '아파트의 역습' 편을 보게 되었다.

그 프로그램은 주택 수요를 예측하지 못한 채 건축업체 주도로 진행된 과잉 개발로 아파트 가격이 하락세에 들어섰고, 경기 침체로 앞으로 아파트 값이 더 오를 수 없는 환경이 조성되면서 아파트를 둘러싼 여러 가지 심각한 문제들이 대두되고 있다는 내용이었다. 예를 들어, 과하게 대출을 얻어 집을 산 이른바 '하우스 푸어'의 삶이나 미분양 사태 때문에 속속 도산되는 건축 회사들의 상황은 정말 심각한 수준이었다. 현재 우리나라가 겪고 있는 문제도 문제지만, 앞으로 우리가 겪을 수도 있는 상황에 대한 예로 버블 경제 직후 장기 침체를 겪고 있는 이웃 나라 일본의 사례를 집중적으로 보여 준 것도 주목할 만했다.

그런데 거기서 예를 든 곳을 보면서 김지씨는 무엇엔가 얻어맞은 듯한 충격을 느꼈다. 부동산 과잉 개발의 대표적인 사례로 일본 도쿄 주변 뉴타운 중 하나인 '타마 뉴타운'에 대한 이야기가 나오고 있었기 때문이다. 1990년대 초반에 도쿄에 늘어나는 인구를 수용하기 위해 개발한 타마 뉴타운이 20년이 지난 지금 유령 도시로 변해 가고 있다는 내용이었다.

초기에는 도쿄로부터 20~30킬로미터밖에 안 떨어져 있고, 상대적으로 녹지도 많아(영화에 따르면 그나마 녹지가 확보된 것은 모두 너구리의 힘이었다.) 주거지로 각광을 받았다. 하지만 경기 침체가 지속되면서 점점 주택 수요가 줄어들어 집값이 폭락하게 되었고, 지금은 차

문이 굳게 닫혀 있는 아파트 단지 입구. 이게 현재 타마 뉴타운의 모습이라고 한다.

마 떠나지 못한 노인들만 살고 있는 음산한 유령 도시로 변해 버렸다고 한다.

그걸 보던 김지씨의 머릿속에는 '유령 도시를 만들자고 너구리들을 다 쫓아내 버렸나?' 하는 질문이 계속 맴돌았다. 인간의 욕망으로 도시는 끊임없이 팽창해 왔지만, 그 결과는 사람이 거의 살지 않는 참담한 꼴이 되어 버렸기 때문이다. 그 누구도 책임지지도 않고, 책임질 수도 없는 상황이 너무나 충격적이었다. 죽음을 향해 긴 항해를 떠나던 너구리들의 모습과 사람이 거의 살지 않아 황량해진 타마 뉴타운의 모습이 오버랩 되면서 김지씨는 비슷한 상황을 어디선가 본 것 같다는 생각이 들었다.

그것은 바로 용산 참사 현장의 비극적인 모습이었다. 전격적이고 폭력적인 진압 방식으로 사람들을 죽음의 길로 몰아붙이면서까지 추진했던 용산역 주변 개발 계획이 지금은 어떻게 되었을까?

제가 봤을 때는 만약에 저거 되면(개발이 취소되면) 용산(참사 때 숨진 사람들)보다 더 많은 분이 자살을 하실 수도 있어요. 현재 장애인들 몇 분이 살고 계시는데, 장애 연금도 안 나와요. 안 나오는 이유가, 집값이 비싸져서 재산이 많기 때문이라는 거예요. 부모랑 아이까지 장애인 집안인데, 돈을 벌 수가 없잖아요. 국가에서 나오는 돈으로 살다가 집값이 올라가서 해당 사항이 없다는 거예요. 그런데 어떡해? 방법이 없잖아. 대출을 받아서 난리 난 집들 있죠? 그 집도 그래요. 어차피 개발 금방 된다고 해서 자녀들이 설득해 대출을 받도록 한 거죠. 그렇게 계속 오다 보니 점점 더 힘만 드는 거예요. 여기 사는 사람들 이해관계가 다 달라요. 주민 투표를 하면 결론 날까요? 안 나요. 개발이 되든 안 되든 그런 분들(장애인 가족)은 어차피 끝난 거예요. 애초에 이런 일이 없었으면 모르는데, 너무 늦었어요.

— 프레시안(2013년 3월 21일자)

단군 이래 최대 개발이라던 31조 원짜리 용산 역세권 개발 사업은 이미 청산 절차에 들어간 상태이다. 개발 주체이던 코레일이 개발에서 손을 떼면서, 사업과 관련된 여러 권리 주체가 이 사업의 행방에 촉각을 곤두세우고 있다. 한껏 재개발이라는 꿈에 부풀어 있던 사람들은 6년에 걸친 지지부진한 사업 진행에 지친 것도 모자라, 개발 취소로 이제는 쪽박을 차게 될 것이라는 불안감에 떨고 있다. 그야말로 제2의 용산 참사가 생겨날지도 모른다는 불길함이 용산역 주변을 감돌고 있다.

이거야말로 타마 언덕의 너구리들이 처한 현실과 매우 흡사하다고 김지씨는 생각했다. 죽음의 길로 내몰렸던 너구리들의 뒷모습과 현재 유령 도시가 되어 버린 타마 뉴타운의 모습은, 강경 진압으로 죽음을 맞이했던 용산 참사 희생자들과 현재 폐허로 남게 된 용산역 개발 사업의 모습과 정확히 겹치고 있기 때문이다.

김지씨는 애니메이션을 보고 이렇게 공포에 떨어 본 것은 처음인 듯싶었다. 도대체 인간의 이 멍청한 짓거리들은 언제쯤 멈출 것인지, 그 어떤 귀신보다 더 무서운 것은 '사람'이라는 말이 김지씨의 가슴 깊이 새겨지는 순간이었다.

Brassed off

그들이 차라리 고래였더라면
브래스드 오프

마크 허만 감독의 〈브래스드 오프〉(1996)는 영국 탄광촌의 노동 문제를 다루고 있는 영화이다. 영국 대처 수상의 탄광 합리화 정책에 의해 수많은 탄광들이 폐쇄되었는데, 그 속에서 폐광의 위기를 겪고 있는 그림리 탄광이라는 곳의 이야기를 다루고 있다. 그림리 탄광에서 근근이 명맥을 유지하고 있던 광부들로 이루어진 브라스밴드 또한 해체 위기에 놓인다. 이 밴드는 로얄알버트 홀에서 개최되는 전국 브라스밴드 대회에 나갈 진출권을 획득했지만, 폐광으로 인해 해체라는 어려운 결정을 내리려고 한다. 하지만 밴드 구성원은 어려움 속에서도 좌절하지 않고 다시 힘을 모아 런던에서 열리는 결승전에 진출한다.

이 영화는 노동 문제에 대한 고민을 할 수 있는 계기를 마련해 주는 작품으로, 이를 통해 노동 유연화 정책을 비롯한 신자유주의 노동 정책에 대한 개괄적인 고민을 학생들과 함께 나눌 수 있다.

#1_ 제목에 담긴 의미

영국의 탄광촌 하면 딱 떠오르는 영화로 〈빌리 엘리어트〉를 들 수 있다. 물론 김지씨도 탄광촌이라는 개천에서 피어난 한 떨기 연꽃과 같은 어린 빌리 엘리어트의 이야기에 깊이 감동했고, 영화를 보고 나서 눈물을 한두 방울 훔쳤던 것 같기도 하다.

하지만 김지씨는 1980년대 영국의 탄광에서 벌어진 노동 문제를 다룬 영화 중에 하나를 꼽으라면 마크 허만 감독의 〈브래스드 오프〉를 들곤 한다. 〈빌리 엘리어트〉가 빌리의 성장에 초점을 맞추어 영국 탄광촌의 상황을 비교적 소홀하게 다룬 면이 있다면, 〈브래스드 오프〉는 탄광에서 벌어진 대량 해고로 야기된 경제적·사회적 문제에 정면으로 맞서고 있다고 느꼈기 때문이다. 뿐만 아니라 탄광촌의 '브라스밴드'에서 벌어지는 사건이라는 설정으로, 인간에게 예술이 어떤 가치를 가지고 있는지에 대해서도 〈빌리 엘리어트〉에 못지않은 아니 어쩌면 더 심각한 물음을 던지고 있었다.

이런 점에서 김지씨는 학생들과 이 영화를 보고 싶었다. 하지만 이 영화는 제목부터 좀 어려움이 있었다. 외국 영화들의 경우, 영어 원제 'Frozen'을 '겨울왕국'으로 번역하듯이 영어 제목을 한국어나 한국 정서에 맞게 바꿔서 제목을 붙이는 경우가 많다. 그런데 이 영화는 그냥 영어 제목 그대로 달았을 뿐만 아니라, 제목에 사용된 표현 또한 흔히 쓰는 영어 표현이 아니라서 학생들이 제목에서부터 혼란을 느끼기 시작했다. 그래서 김지씨는 이 영화의 제목이 무슨 의미인지부터 학생들과 함께 짚어 보기로 했다.

일단 'brassed off'의 뜻은 영화의 첫머리에 설명되어 있는데, 영국의 속어로서 '진절머리가 나다'라는 뜻을 가지고 있다고 한다. 영국의 보수당인 'Tory'나 탄광을 의미하는 'Colliery'에 대한 설명과 함께 이 표현이 나와 있다는 점을 고려해 보면, 이 영화의 주된 등장인물인 '광부'들을 '해고'라는 구렁텅이로 몰고 간 보수당 정부에 대해 '진절머리가 나다'라고 해석할 수 있을 것 같다. 이렇게 보면 이 영화가 놓여 있는 사회적 맥락으로 자연스럽게 들어갈 수 있는 실마리를 제목에서부터 찾을 수 있게 된다.

그런데 이 영화의 인물들이 탄광촌의 브라스밴드에 소속되어 있으며, 대규모 해고로 인한 브라스밴드의 존폐 위기가 영화의 발단이라고 본다면, 김지씨는 이 제목을 좀 더 흥미롭게 해석할 수도 있을 것도 같았다. 즉, 말 그대로 'brass' 밴드가 'off' 되었다는 것을 의미한다고 볼 수 있는 것이다. 그렇다면 이 제목은 이중적인 함의를 가지게 되는데, 대량 해고를 통해 역사 깊은 그림리 탄광의 '브라스밴드를 멈추게 만든' 보수당 정부의 정책에 '진절머리가 난다'라는 뜻이 아닐까? 제목부터 만만치 않은 영화라고 김지씨와 학생들은 혀를 내두르며 영화 내용으로 본격적으로 들어갔다.

#2_ 사장(혹은 정부) vs 광부들

이 영화는 1980년대 영국의 경제적·정치적 상황을 고려해야만 이해할 수 있는 영화이다. 뜬금없이 왜 탄광들이 한꺼번에 폐쇄되느냐 이 말이다. 영화가 놓여 있는 사회적 맥락을 짚을 수 있는 질문이 필요할 것 같았다. 그래서 김지씨는 이런 질문을 던져 보았다.

이 질문의 답은 당시 영국 사회를 조사해 보면 쉽게 얻을 수 있다. 보수당, 대처 등의 간단한 검색어로도 1980년대 보수당 대처 정권의 탄광 합리화 정책을 찾아볼 수 있었다.

석탄 중심의 에너지 산업 자체가 경제적으로 불합리하다고 본 대처 정권은 경제 구조조정의 하나로 탄광 폐쇄 정책을 추진하기 시작했다. 그 결과 1984년 이후 140개의 탄광이 폐쇄되었고, 25만 명이 실직되는 상황이 벌어지게 된다. 이 영화의 공간적 배경이 된 그림리 탄광 또한 그 틈바구니 속에서 폐광될 처지에 놓인 것이다. 당시 강력한 노조 조직을 가지고 있던 광부들은 노조를 중심으로 끈질기게 저항했지만, 전 세계적인 경제 위기라는 배경을 등에 업은 정부의 탄압 때문에 하나 둘 역사의 뒤안길로 사라질 수밖에 없었다. 그림리 탄광 또한 이런 사회적 상황 속에서 자유롭지 못했으며, 탄광과 역사를 함께했던 브라스밴드 역시 같은 운명에 처해 있었다. 두 번의 세계 대전과 수차례의 파업, 대공황의 여파에도 살아남았던 그림리 탄광의 브라스밴드는 보수당 정권의 치밀하고 진절머리가 날 만한 탄광 합리화 정책에 의해 역사 속으로 사라지게 된 것이다.

그런데 문제는 광부 25만 명이 일자리를 잃었다는 사실에 대해 대부분의 영국 대중은 별 반응을 보이지 않았다는 것이다. 오히려 광부들의 대량 해고 사태가 사회의 진보를 위해 어쩔 수 없이 겪어야 하는 성장통과 같은 것이라고 여겼다. 빚 때문에 파업 기간 동안 어쩔 수 없이 피에로 복장을 하고 아르바이트를 하는 필에게 알바비를 주던 아주머니가, 필이 광부라는 말에 떨떠름한 표정을 지으며 "광부요?"라고 되묻는 것이 대표적인 예라고 할 수 있다. 그래서 김지씨는 이 부분을 짚고 넘어가기 위해서 또 하나의 질문을 던졌다.

필의 대사 중에 "우리가 차라리 고래였다면 이렇지는 않았을 것"이라는 대사가 있다. 이 대사는 어떤 의미일까?

이 질문의 답은 비교적 명확한 편이다. 사람들은 고래나 물개의 숫자가 점점 줄어들고 있는 상황에 대해서는 안타까운 마음이라도 가지고 있지만, 광부들이 점점 줄어들고 있다는 사실에 대해서는 관심은커녕 오히려 당연한 일이라고 받아들이고 있다는 것이다. 이것이 필의 대사가 담고 있는 함의라고 할 수 있다. 대처 정권의 탄광 구조조정 정책이 멈추지 않고 달릴 수 있는 원동력이 바로 여기에 있었는데, 이것이 이른바 '대처리즘'이라는 이름 아래 실행되었던 신자유주의 경제 정책이 노리고 있는 부분이었다.

임금을 줄이기 위해 정규직을 해고하고 그 자리를 비정규직으로 채우면서 끊임없이 고용 불안을 촉진한다. 그리고 그것이 경제 위기 상황에서는 당연한 일이며, 효율을 위해서는 그 정도의 희생은 각오해야 한다는 생각을 사람들의 뇌리에 깊이 새겨 넣는다. '요람에서 무덤까지'라는 말을 처음으로 만들어 낼 만큼 복지 정책이 세계적인 자랑이었던 영국에서, 이 효율과 경쟁이라는 망령이 사람들의 마음 속에 자리 잡게 된 것이다.

이러한 무관심 속에서 광부들은 멸종된 공룡처럼 자본주의의 어두운 그늘로 사라져 간다. 그림리 탄광을 소유하고 있던 자본가의 입에서 나온 "Coal is History."란 말은 당시의 상황을 압축적으로 증언하는 말이었다. 탄광 소유자들은 아무리 그 탄광이 경제성이 있다 해도, 사사건건 시비를 거는 광부들과 매년 임금 협상을 벌이기보다 는 차라리 그들을 모두 실업자로 만들어 버리는 것이 정신 건강 측 면에서나 국가적 정책 차원에서 유리한 일이라고 생각했다. 그래서 그들은 광부들의 일과 미래를 퇴직금이라는 몇 푼의 돈으로 사려 한 것이다.

그런데 김지씨가 놀란 것은, 영화 안에 이 회사 측의 속내가 그대 로 드러나는 장면이 배치되어 있다는 점이다. 회사 직원으로 일했던 글로리아 멀린즈와 사장 사이의 대화 장면이 바로 그것이다. 글로리 아 멀린즈는 파업이라는 극한 대립으로 치닫고 있던 그림리 탄광에 탄광의 경제성 검토를 위해 파견 근무를 오게 된다. 그녀의 할아버 지 또한 그림리 탄광의 광부였고, 브라스밴드의 멤버여서 자연스럽게 파견을 오게 되었다. 그런데 그녀는 조사 과정에서 놀라운 사실을 알 게 된다. 비경제적이라고 판단하여 탄광을 닫겠다는 사측의 주장이 왜곡되었던 것이다. 탄광의 경제성은 그리 나쁘지 않았지만, 사장은 탄광의 비효율을 계속 문제 삼아 폐쇄를 주장하고 있었다. 결국 광 부 노조의 투표 결과가 폐쇄에 찬성하는 쪽으로 나오게 되자, 글로리 아의 보고서는 바로 쓰레기통으로 직행하게 된다.

경제성 있는 탄광이 폐쇄되는 것에 분노한 글로리아가 "보고서와 는 상관없이 몇 주 전부터 폐쇄가 결정되어 있었던 것이 아니었냐?" 라고 항의할 때, 사장은 이렇게 말한다. "아니, 2년 전부터 계획되어 있었다." 이 장면에서 사측의 시커먼 속내가 그대로 드러나게 된다. 탄광의 경제성이 중요한 것이 아니었으며, 탄광을 중심으로 굳건하게 뭉쳐 있던 노동자들의 연대를 파괴하고 보다 유연성 있는 노동 환경

사장. 이런 표정으로 "2년 전이야."라고 말한다.

을 만들겠다는 의도가 사측의 진짜 속셈이었던 것이다. 좀 더 편하게 이익을 올리고자 하는 자본가의 의도와 사회 전체적인 경제 정책이 맞물리면서 탄광 폐쇄는 기정사실이 되어 버렸다.

이 장면을 설명하면서 김지씨는 소름이 돋곤 하는데, 왜냐하면 "No! Two years ago."라고 나직이 말하는 사장에게서 〈유주얼 서스펙트〉에 나온 카이저 소제의 향기마저 느낄 수 있었기 때문이다.

#3_ 광부들 vs 광부들

탄광 폐쇄가 결정되고 난 뒤에 광부들은 어떤 삶을 살아가게 될까? 김지씨는 그것이 궁금했다. 그래서 또 하나의 질문을 던졌다.

당시 탄광 폐쇄 정책은 등장인물들에게 어떤 삶을 강요했는가?

정부 정책의 희생양이 되었던 광부들은 도대체 어떤 삶을 살게 되었을까? 물론 그들은 회사가 제시한 상당한 금액을 퇴직 수당으로 받았고, 동시에 복지 정책의 원조 격인 영국의 사회 보장 제도에 따라 실업 수당뿐 아니라 새로운 일자리를 구할 수 있는 기회까지 얻게 되었지만, 그것만으로 그들은 괜찮은 것일까?

문제는 탄광 폐쇄를 결정하는 과정이었다. 그 과정에서 광부들은 그들 내부에서 심한 갈등을 겪었다. 노조라는 강력한 연대감 아래에서 공동체를 형성했던 그들 사이에 쉽게 넘어설 수 없는 감정의 골이 생겨 버린 것이다. 적극적으로 파업을 지지하면서 끝까지 싸울 것을 주장한 사람들과 사측에서 더 낮은 금액을 제시하기 전에 상당한 금액의 퇴직금을 받고 폐쇄에 찬성하는 것이 옳다고 주장하는 사람들 사이의 갈등이 그들을 그렇게 만든 것이다. 사측은 이런 갈등을 최대한 조장하면서 내부에서 분열이 일어나기를 바랐기 때문에, 한시적이라는 조건을 걸고 높은 퇴직금을 제시해 폐쇄 찬성 여론을 이끌어 내려고 했다.

이런 갈등이 극단적으로 나타난 장면이 바로 단체 교섭 직후 그 결과를 설명하는 노조 총회 자리이다. 그 자리에서 다른 입장을 가진 광부들 사이에 갈등이 심해져서 폭력 사태 일보 직전까지 가게 된다. 외부적 갈등이 심각하게 드러나는 장면이지만, 아이러니하게도 영화는 사측에서 한시적으로 제시한 고액의 퇴직금에 내심 흔들리는 눈빛을 비춰 준다. 이 장면은 80퍼센트의 높은 찬성률로 폐쇄가 결정된 투표 결과의 복선인 셈인데, 자신이 평생을 걸고 일하던 직장에 대한 자부심을 돈으로 바꿔 버렸다는 자책감을 보여 주는 장면이라고 김지씨는 느꼈다.

총회 자리에서 싸우는 장면이다. 씁쓸하고 안타깝다.

　김지씨는 이런 슬픈 '노-노 갈등'을 어디선가 본 것 같다는 생각이
들었다. 사측의 유혹과 노측의 강경한 입장 사이에서 갈등하는 노
동자의 모습. "아!" 하고 김지씨는 무릎을 쳤다. 〈빌리 엘리어트〉에
서 빌리의 아버지와 형 사이의 갈등이 바로 이 장면과 유사했다. 총
파업에 들어간 탄광에서 회사 측의 지지 아래 출근을 감행하는 노
동자와 그것을 막아 내려는 노조 측 노동자들 사이의 격렬한 대립이
이 영화에 묘사되어 있다. 노조의 대열 사이를 지나가는 버스에 온
갖 욕설과 오물을 퍼부으며, 여차하면 폭력까지도 불사하겠다는 열
혈 파업 지지자인 아버지가 아들 빌리의 꿈을 위해 그 버스에 오르
게 되는 과정이 안타깝게 그려져 있었다. 김지씨의 감성을 건드렸던
장면 또한 이 대목이었다. 버스에 올라 온갖 모욕을 무릅쓰고 출근
할 때 버스에 타고 있던 아버지를 발견한 빌리의 형이 아버지를 끌어
낸 뒤 티격태격하다가 둘 다 울어 버리는 장면을 차마 눈물 없이 볼
수 없었기 때문이다.

김지씨는 이런 장면들을 보면서 이런 상황, 즉 노동자로서 일할 권리가 심각하게 침해되는 상황이 발생할 때 과연 어떻게 행동하는 것이 적절할까 하는 생각을 해 보았다. 유구한 전통을 가지고 있는 영국의 노동조합에 비해 보수 언론의 색깔론에서 그다지 자유롭지 못한 한국의 노동조합을 생각해 보니 우울한 느낌 또한 드는 게 사실이었다. 지금까지 우리나라에서 벌어졌던 일련의 사건들―기륭전자, 한진중공업, 쌍용차 등등 셀 수도 없이 많은 사업장에서 벌어진 노동 쟁의의 결말을 지켜보며 김지씨는 마음이 무거워졌다. 더 씁쓸한 것은 학생들 또한 이런 현실을 그대로 맞닥뜨릴 것이라는 사실이다. 그래서 김지씨는 이런 질문을 던져 보았다.

나라면 파업 찬반 여부를 묻는 투표에서 어느 쪽을 지지했을지 말해 보자. 그리고 그 이유는 무엇인가?

이 질문을 한 이유는, 찬성이든 반대든 스스로 결정을 내리는 과정에서 노동 현장의 실정에 대해 조금 더 깊이 이해할 수 있을 것이라고 생각했기 때문이다.

김지씨는 한국의 노동 교육이 형편없는 수준이라는 말을 들은 적이 있다. 독일이나 프랑스는 사회 시간에 모의 단체 교섭을 실시할 정도로 구체적이고 현실적인 노동 교육을 하고 있다고 한다. 한국의 경우에는 김지씨도 배워 본 적이 없고, 김지씨가 근무하는 학교에서도 그런 교육을 하는 선생님을 본 적이 없다. 물론 김지씨가 과문해서 그럴 수도 있겠지만, 전반적으로 노동 교육에 대한 고민이 적은 것은 사실인 것 같다. 이런 점에서 보았을 때, 〈브래스드 오프〉에서 벌어진 노동 쟁의 상황에 대해 이야기를 나누는 활동은 학생들의 미래를 생각했을 때 의미 있는 일인 듯싶었다.

#4_ 대니 vs 밴드 구성원들

브라스밴드 활동을 하는 것보다 어떻게 해서든 살아남는 것이 더 중요했던 광부들은 밴드 활동을 더 이상 할 힘이 없었다. 그래서 그들은 브라스밴드라는 이름의 꿈을 접으려고 했다. 하지만 현실의 압박 때문에 밴드가 해체되려는 순간에도 밴드의 운명이 곧 자신의 운명이라며 끝까지 밴드를 지키려고 한 인물이 있다. 바로 필의 아버지, 대니였다. 대니는 밴드의 역사를 온몸으로 증언하는 인물이었는데, 그는 탄광의 운명과는 상관없이 밴드는 계속되어야 한다고 주장했다. 그러나 밴드의 다른 구성원들은 생각이 달랐기에 밴드는 해체의 수순을 밟아 나갔다.

고사 직전의 밴드를 되살린 것은 글로리아의 등장이었다. 김지씨에게는 '토요 명화'의 주제가로만 알려져 있던 〈아랑훼즈 협주곡〉을 멋들어지게 협주한 뒤에 밴드의 구성원들은 생각을 고쳐먹기 시작했다. 남자들만 북적거리는 밴드 합주실에서 빛난 그녀의 아름다운 외모 덕분일 수도 있겠지만, 그녀의 등장은 탄광의 경제성 조사를 통해 폐광을 막을 수도 있다는 현실적 차원에서도 의미가 있었으며, 이 밴드의 전설이었던 그녀의 할아버지 아더 멀린즈의 후광으로 밴드의 전통을 부활시킨다는 차원에서도 의미가 있었다. 그녀로 인해 브라스밴드 전국 대회의 결승전이 열리는 로얄알버트 홀에까지 가고

일 끝나고 모여 이렇게 연습해서 영국 1위라니 대단하다.

싶다는 광부들의 꿈은 조금 더 연장되었다.

하지만 현실은 그들이 계속해서 꿈을 꿀 수 있도록 내버려 두지 않았다. 준결승에서 승리하여 '알버트 홀'이라는 그들의 꿈에 한 발짝 가까워졌을 때, 그들에게는 '폐광'이라는 절망적인 소식이 기다리고 있었다. 멀리 보이는 탄광의 기계들을 배경으로 비틀거리며 걸어가던 그림리 탄광 브라스밴드의 지휘자이자 정신적 지주인 대니는 탄광의 열악한 노동 상황을 상징하는 '진폐증'으로 쓰러지고 만다. 그들의 꿈이 현실에 의해 꺾이는 순간이었다. 밴드의 승리와 현실의 패배가 중첩된 이 장면은 영화에서 가장 중요한 장면 가운데 하나라고 할 수 있다.

여기서 김지씨는 학생들에게 이런 질문을 던졌다.

작품 속 등장인물들에게 브라스밴드는 어떤 의미였을까?

등장인물 중 특히 대니에게 밴드가 특별한 의미가 있지만, 다른 등장인물들에게도 밴드는 그냥 취미 생활로만 볼 수 없는 측면이 있었다. 폐광이 되어 광부들이 길거리로 나앉게 되었다는 냉정한 현실에 대해서는 사람들이 무관심으로 일관하고 있었지만, 브라스밴드의 연주에 대해서만은 귀를 기울여 주었기 때문이다. 이런 점에서 그림리 탄광의 브라스밴드는 노조를 없애고 광부를 쫓아내도 계속 입 다물고 있을 수만은 없다는 광부들의 자존심을 대변하고 있다고도 볼 수 있다.

결승전에서 대니를 대신해 지휘를 맡았던 해리와 그 아내의 대화에서 이런 점이 잘 드러난다. 파업의 한가운데서 시위를 주도하던 해리의 아내가 노조에 대한 해리의 열정이 사라졌음을 질책하자 해리는 이렇게 답한다.

"우리 연주는 적어도 사람들이 들어 주기는 한다."

이렇듯 등장인물들에게 브라스밴드가 어떤 의미인지를 하나씩 짚어 가다 보면 자연스럽게 브라스밴드가 단순한 동호회의 의미를 넘어선다는 것을 알게 된다. 특히 김지씨의 머릿속에는 '공동체'라는 단어가 맴돌았다. 탄광이라는 거친 노동 현장에서 노동력만을 소모하는 것이 아니라, 노조를 중심으로 자생적으로 생겨난 '자율적 평생교육 공동체'와 같은 성격을 가지는 것이 바로 브라스밴드가 아닐까 싶었다. 그런데 노동자들로만 구성된 그 브라스밴드가 전국적인 실력을 갖추고 있었다는 것은 그만큼 이전까지 그들의 삶이 충분히 풍요로운 것이었음을 증명하는 게 아닐까. 대니가 이 밴드에 그렇게 집착했던 이유가 조금은 이해되는 순간이었다.

#5_ 절망적인 현실 넘어서기

이 영화를 볼 때마다 김지씨가 어김없이 분노하는 장면이 하나 있다. 필이 몇 푼의 돈이라도 벌어 보려고 교회에 있는 아이들 앞에서 얼룩덜룩 분장을 한 채 광대 짓을 하는 장면이다. 그때 필은 빚에 쪼들려 가족과 헤어지고 아버지마저도 쓰러진 자신의 처지가 너무 절망스러워 예수의 상을 보며, 아버지는 데려가려고 하면서 왜 마가렛 대처는 데려가지 않느냐고 울음을 터뜨린다. 그가 입은 광대 옷과 그의 입에서 나온 말의 부조화는 상황의 비극성을 더욱 고조시킨다. 우스꽝스러운 분장을 한 채 눈물을 글썽이며 마가렛 대처와 보수당에 대한 저주의 말을 퍼붓는 그의 모습을 볼 때마다 김지씨는 항상 슬픔과 분노를 함께 느낄 수밖에 없었다. 실직자가 되어 가족과도 떨어져 살아야 하는 최악의 상황에서 밴드의 꿈마저 사라지게 되었을 때, 피에로 복장을 한 채로 탄광의 기계에 목을 매려 하는 필의 모습 또한 매번 김지씨를 가슴 아프게 만들었다.

그럼에도 불구하고 김지씨가 이 영화를 좋아하는 이유는 이런 슬픔과 분노를 넘어서는 새로운 희망을 발견할 수 있기 때문이다. 이 영화를 볼 때마다 김지씨가 어김없이 가슴 뭉클해하는 장면이 하나 있다. 대니가 진폐증으로 쓰러져서 입원하게 되었을 때, 그 병원 앞마당에 밴드가 다시 모여서 아일랜드 민요인 〈대니 보이(Danny Boy)〉를 연주하는 장면이다.

탄광이 문을 닫아 모두가 실직자가 되어 버리고, 대니 또한 탄광의 열악한 노동 환경 때문에 얻은 병으로 쓰러져 버린 최악의 상황에서 그들은 밴드의 유니폼을 입고, 머리에는 랜턴을 단 안전모를

광부의 상징과도 같은 안전모에 랜턴을 달고 대니를 위해 연주한다.

쓰고 하나 둘 모여 〈대니 보이〉를 연주한다. 물론 그 음악 자체도 정말 감동적이지만, 고등학교 때 배운 〈대니 보이〉의 가사까지 생각해 보면 정말 눈시울이 붉어질 수밖에 없다.

> 저 목장에는 여름철이 오고
> 산골짝마다 눈이 덮여도
> 나 항상 오래 여기 살리라
> 오 대니 보이 오 대니 보이 내 사랑아.

김지씨는 그 장면을 볼 때마다 그들은 비록 현실에서 패배했지만, '브라스밴드'라는 꿈으로 다시 살아나리라는 간절한 희망을 읽어 낼 수 있어서 가슴이 뭉클해진다. 김지씨가 감동하는 것은 그 장면뿐만이 아니다. 폐광이라는 현실 속에서도 그들은 쉽게 포기하지 않고, 천 명의 광부와 한 명의 아픈 광부를 위해 수많은 사람들이 지켜보는 알버트 홀에서 로시니의 〈윌리엄 텔 서곡〉을 연주한다. 말을 타고 달리는 듯한 그들의 힘찬 연주를 들을 때 김지씨는 또 바보같이 눈시울을 붉힌다.

이 장면들에서 김지씨는 지친 현실에 패배한 사람들을 위로하고 치유할 수 있는 예술의 힘을 느낄 수 있었다. 진폐증으로 죽어 가는 대니를 깨운 〈대니 보이〉나 살아가던 터전을 잃고 자존감마저 잃게 된 상황에 처한 광부들이 연주하는 〈윌리엄 텔 서곡〉은 예술이 인간에게 어떤 역할을 할 수 있는지를 진지하게 보여 주는 예라고 생각했다. 또한 영화 곳곳에 등장하는 브라스밴드의 연주 장면들을 보면 현실과 예술의 묘한 겹침을 좀 더 또렷이 느낄 수 있다. 왜냐하면 브라스밴드가 아름다운 선율로 명곡들을 연주하고 있을 때조차 영화는 밤샘 협상 중인 노조 위원장과 회사 측 사람들의 모습이나 폐광을 막기 위해 노력하는 탄광 사람들의 모습을 병치시키고 있기 때문이다. 마치 세상의 아픔과 부조리를 외면한 채 자기만 혹은 몇몇 예술가 집단만이 느낄 수 있는 아름다움을 추구하는 예술이라는 것이 과연 어떤 의미가 있는지 영화는 반문하고 있는 것 같았다. 이런 점에서 이 영화는, 예술이란 현실과의 끊임없는 소통 속에서 아름다움을 찾아가는 어떤 것이 아니냐고 당당히 따져 묻고 있는 듯했다.

이와 같은 맥락에서 주목할 만한 장면이 또 하나 있다. 그것은 바로 대니의 마지막 연설 장면이다. 온갖 고난 끝에 그림리 탄광 브라스밴드가 로얄알버트 홀에서 우승자가 되었을 때, 사람들의 예상과는 달리 대니는 우승컵 수상을 거부한다. 브라스밴드보다 더 중요한 것이 탄광의 현실임을 그는 알고 있었고, 우승컵을 거부할 때에 광부들의 비참한 현실이 사람들에게 조금이나마 더 알려질 수 있을 것

그룹 첨바왐바. 모범생처럼 생겼지만 그들의 행적은 예사롭지 않다.

이라고 판단했기 때문이었다. 대니는 수상 소감을 말하는 대신 지금 탄광이 처해 있는 현실에, 그리고 영국의 산업 전반이 처해 있는 현실에 눈을 크게 뜨고 바라볼 것을 호소한다.

여기서 김지씨는 이와 관련된 〈지식채널 e〉 한 편을 보여 준다. '이상한 밴드의 이상한 댄스 음악'이라는 제목의 이 영상은 '첨바왐바(Chumbawamba)'라는 독특한 이름을 가진 밴드의 기이한 행적에 대해 이야기하고 있다.

신자유주의 물결 속에서 리버풀 항만 노동자를 대량 해고한 책임을 물어 전직 항만 노동자였던 부수상에게 얼음물 세례를 날리기도 하고, 자신의 노래를 사용하는 대가로 대기업에게 받은 돈을 대기업을 감시하고 비판하는 단체에 기부하는 등의 이상한(?) 행적이 흥미롭게 다뤄지고 있었다. 그들의 노래 〈텁섬핑(Tubthumping)〉은 제목만 들으면 잘 모르겠지만, 한번 들어 보면 "아, 이 노래!" 할 정도로 유명한 노래였다. 이 노래 가사 또한 심상치 않았다.

I get knocked down. But I get up again.

You're never gonna keep me down.

너희는 나를 한방에 쓰러뜨렸다. 하지만 나는 곧 다시 일어난다.

너는 결코 나를 굴복시킬 수 없다.

이 노래의 후렴구인데, 이 노래가 영국 항만 파업을 지지하기 위해 만든 노래라는 사실까지 감안해서 들어 보니 이 노래의 강렬한 메시지를 느낄 수 있었다. 그런데 이 노래 앞에 〈브래스드 오프〉의 주인공 '대니'의 목소리가 나왔다. 대니가 상을 거부하고 난 뒤에 사람들에게 남긴 대사가 노래 도입부에 들어가 있었다.

The truth is, I thought it mattered.

I thought that music mattered.

But does it? Boullocks!

Not compared to how people matter.

사실 저는 '음악'이 중요하다고 생각했습니다.

하지만 그것은 바보 같은 소리입니다.

'사람들'이야말로 가장 소중한 것입니다.

밴드만을 생각했던 대니가 상을 거부하고 난 뒤에 광부들이 처한 현실에 대해 조금이나마 귀를 기울여 달라는 이야기를 꺼낼 때, 그 무엇보다 '사람들'이 가장 중요하다는 그의 '열변(tubthumping)'은 김지 씨의 마음을 온통 뒤흔들어 놓았다. 광부들의 멋진 연주 뒤에는 폐광이라는 슬픈 현실이 기다리고 있음을 절규하는 이 장면은 예술과 현실의 관계가 어떠해야 할까에 대해 고민할 수 있는 명장면 가운데 하나라고 생각한다.

요즘 주변 사람들을 보면 뮤지컬을 참 좋아하는 것 같다. 김지씨 주변의 선생님들도 그렇고, 학생들 중에도 10만 원이 넘는 돈을 기꺼이 지불하고 뮤지컬을 즐기는 경우가 종종 있다. 음악과 함께하는 멋진 공연을 취미 생활로 즐기는 사람들의 취향을 비난할 자격이 김지씨에게는 없다. 물론 김지씨도 브로드웨이에서 왔다는 말에 홀려서 20만 원 가까운 돈을 내고 〈오페라의 유령〉을 무대 바로 앞에서 본 적이 있다. 그런데 가끔 그런 상황이 불편할 때가 있음을 김지씨는 솔직히 고백하곤 한다. 이런 공연을 경험하는 것이 김지씨의 심미적 체험에 어떤 긍정적인 효과를 줄 수 있을지 잘 모르겠다는 말이다. 경제 용어로 말하자면 비용 대비 효율이 떨어진다는 느낌?

그런데 이 영화 〈브래스드 오프〉를 보면서, 그 불편함의 정체를 조금이나마 짐작할 수 있을 것 같았다. 모든 뮤지컬이 다 그런 것은 아니겠지만, 가계 경제에 부담스러운 금액을 지불한 뒤 현실과 동떨어진 극장에 앉아 환상적인 시간과 공간에 대해 아름다운 목소리로 노래하는 작품을 보는 것만이 진정한 예술 감상법이 아니라는 사실을 깨달았기 때문이다. 끊임없이 현실과 맞부딪히며 인간에 대해 그리고 인간을 위해 질문을 멈추지 않는 작품을 찾으려는 마음가짐이 김지씨에게 있었는지 스스로 반성해 본다. 그리고 그러지 못했었다면 학생들이라도 더 좋은 기회를 가질 수 있어야겠기에 더 좋은 수업을 만들어야겠다고 다짐해 본다.

Up In the Air

해고를 통보하는 직업?

인 디 에어

제이슨 라이트먼 감독의 〈인 디 에어〉(2009)는 해고, 즉 한 개인에게 닥친 죽음과 같은 상황을 통보하는 일이 직업인 한 인물의 이야기를 다루고 있는 영화이다. 종신 고용과 같은 과거의 노동 환경은 꿈과 같은 것이 되어 버린 이 시대에, 해고를 직접 통보하지 못하는 비겁한 사용자들을 대신해서 미국 곳곳을 돌아다니면서 해고를 통보하고 다니는 주인공의 모습을 보며 해고가 사람들에게 주는 고통과 불안감을 간접적으로나마 느낄 수 있게 된다. 또한 해고당한 사람들이 보이는 모습을 반복적으로 지켜보면서, 인간에게 직업이란 것이 가지는 의미를 다시 한 번 생각해 볼 수 있게 된다. 이런 사회적 문제에 대한 관심뿐만 아니라 영화는 대조되는 두 인물이 함께 여행을 하는 과정에서 각자 자신의 문제점을 깨달아 가는 모습을 묘사하고 있기에, 학생들과 함께 인물의 유형에 대한 이야기도 나눠 볼 수 있다.

#1_ 구르는 돌에는 이끼가 끼지 않는다?

김지씨가 고등학교를 다닐 적에 들어 본 영어 속담 가운데 "A rolling stone gathers no moss."라는 게 있다. 번역하자면 '구르는 돌에는 이끼가 끼지 않는다.' 정도의 뜻일 텐데, 재미있는 것은 같은 속담을 두고 대서양을 사이에 둔 두 나라가 해석을 달리한다는 점이다. 영국은 이 속담을 '자꾸 굴러다니면 이끼조차 끼지 않는다.'라는 부정적인 뜻으로 사용하는 반면에, 미국은 '끊임없이 굴러다녀야 썩지 않고 계속 발전할 수 있다.'라는 긍정적인 뜻으로 쓴다고 한다. 김지씨가 어디서 주워들은 거라 신빙성이 썩 높지는 않지만, 각 나라의 문화적 특성을 잘 반영한 해석이라는 생각이 들긴 한다.

이 속담의 해석에 비춰 보면 미국이라는 나라에 사는 사람들은 한곳에서 평생 일하는 것보다 자신의 발전을 위해 이리저리 새로운 가능성을 찾아 움직이는 것이 더 나은 태도라고 믿고 있는 듯하다. 구체적인 통계는 댈 수 없지만, 김지씨의 저질 직관으로 때려잡아 봤을 때 이직률도 비교적 높을 것이며, 그에 따라 재취업률 또한 상당히 높을 것 같다. 하지만 뒤집어 생각해 보면, 영전(榮轉)의 가능성이 얼마든지 열려 있지만 반대로 항상 해고의 위험성에 노출되어 있다고도 할 수 있다.

김지씨는 얼마 전에 미국에서 힘들게 살다가 독일에 몇 년 거주하게 되면서 미국의 삭막함에 질려 버린 한 변호사의 이야기가 담긴 책을 읽게 되었는데, 거기에는 이런 이야기가 실려 있었다.

물론 다른 요인 때문에도 바버라는 더 오랜 시간을 일에 매달려야 한다. 노동 시간에 관한 사회 계약이 존재하지 않는 현실에서 연장 노동을 거부하면 언제 해고의 칼날이 닥칠지 모른다. 린다 벨이나 리처드 프리먼 등의 노동 경제학자는 〈열심히 일하도록 만드는 유인〉에서 이런 사실을 바탕으로 유럽인과 달리 미국인이 장시간 노동을 '선택'하는 이유를 설명한다. 바버라는 연장 노동을 하지 않으면 곧바로 일자리를 잃을 것이다. 아무리 긴 연장 노동도 마다하지 않는 사람들이 곳곳에 널려 있기 때문이다. 누가 맥도널드 지점에서 가장 힘이 셀까? 일하는 시간을 배분하는 사람이다. 대기업도 사정은 마찬가지이다. 전기톱 앨(Chainsaw Al, 미국의 기업 구조조정 전문가인 앨 던랩의 별명이다. 던랩은 1994년 스코트 제지의 CEO로 취임해 2년 동안 1만 1000명의 근로자를 해고하는 등 대대적인 구조조정을 단행했다.)이 주변을 어슬렁거리지 않아도 언제나 그의 존재가 느껴진다. 실험실의 생쥐처럼 언제 그 톱날에 잘려 나갈지 모른다.

— 토머스 게이건 지음·한상연 옮김,
《미국에서 태어난 게 잘못이야》, 부키

이 글을 읽으면서 김지씨는 미국 사회가 해고의 불안을 볼모로 직장인들을 잔혹하게 몰아가는 무서운 경쟁 사회라고 생각했다. 물론 경쟁을 통해 사회가 발전한다고 믿는 사람에게는 그런 사회가 아름다운 사회로 보이겠지만, 천성적으로 경쟁에 약한 김지씨의 입장에서는 순식간에 낙오자로 전락하게 될 불안감 때문에 우울증 약을 달고 다닐 것 같기도 하다.

해고가 다반사인 사회 분위기에 덧붙여, 이사를 비롯하여 벌초까지 대행해 주는 업체가 전성시대임을 고려해 보면, 미국에는 '해고 대행업체' 또한 충분히 있을 법하다. 김지씨가 이야기하고자 하는 영화 〈인 디 에어〉는 이 해고 대행업체에 근무하는 라이언이라는 인물의 삶을 보여 주는 것으로 이야기가 시작된다. 라이언은 해고 대행업체의 '유능한' 직원이다. 비겁한 사장들이 자기의 직원을 손수 자르지 못할 때, 그는 그들을 대신해서 손에 피를 묻힌다. 불경기가 계속되고 경기는 나아질 기미가 보이지 않는 까닭에 라이언의 회사는 호경기를 맞이하고 있었다. 흡사 불경기에 간판집 같다고나 할까? (이게 뭔 소리인지 이해하려면 설명이 좀 필요할 것 같다. 김지씨는 가까운 선생님으로부터 암울한 이야기를 들은 적이 있었다. 개업 후 2년 내에 절반 이상이 문을 닫는다는 뉴스가 나올 정도로 자영업이 암흑기를 맞고 있는 요즘, 간판집들은 오히려 호황을 맞이하고 있다는 이야기를 말이다. 개업할 때와 폐업할 때 어쨌거나 간판 작업은 꼭 필요하니까 그런 현상이 벌어지고 있다나.)

아무튼 경기 침체의 긴 터널을 지나는 미국 경제 또한 해고 전문가 라이언을 간절하게 필요로 하고 있었다. 그래서 라이언은 전국 곳곳으로 출장을 다니는 일을 계속했는데, 그 결과 1년에 320일가량을 출장으로 보내게 된다. 1년에 320일이 출장이라니. 교육청 연수 때문에 단 하루 자리를 비워도 불편한 마음에 좀이 쑤셔 오는 김지씨는 전혀 이해할 수 없는 직장 생활이었다. 그런데 언뜻 봐서는 처량하기 이를 데 없는 이런 삶을 라이언은 뜻밖에도 즐기고 있었다. 심지어 삶의 목표가 항공 마일리지 쌓기일 정도였으니 말 다한 셈이다. 전대미문의 1000만 마일 마일리지 쌓기에 삶의 목표를 두고, 그는 언제나 '하늘 위에서(Up In the Air)' 살아가고 있었다.

그런데 어느 한곳 뿌리 내리지 않고 부평초처럼 살아가던 라이언의 순탄한 삶에 강력한 걸림돌이 등장하게 되면서 이야기는 복잡한 양상으로 전개가 된다. 키도 작고 얼굴도 작은 올망졸망한 김지씨

취향의 한 여자, 나탈리가 등장하면서 라이언은 직장 생활 최대의 위기를 맞게 된다. 그녀는 하나부터 열까지 라이언과 맞지 않는 인물이었다.

#2_ 상어(Shark) vs 백조(Swan)

이 영화를 본 사람들이면 거의 다 그렇게 느끼겠지만, 김지씨 또한 남녀 주인공의 묘한 대조에 흥미를 느꼈다. 남자 주인공 라이언과 여자 주인공 나탈리는 여러 가지로 미묘하게 달랐다. 김지씨가 여기서 '미묘'라는 표현을 쓴 것은 '흥부'와 '놀부'처럼 두 인물이 전형적으로 대조되는 것이 아니라 상황에 따라 서로의 입장이 달라지기 때문이다. 그래서 그런지 이 두 사람의 차이를 설명하려고 하는 순간, 김지씨는 뭘 어디서부터 설명해야 할지 그 실마리를 잡기 어렵다는 것을 깨달았다. 어떤 잣대를 들이대느냐에 따라 두 사람의 위치가 호떡 뒤집듯이 뒤바뀌기 때문이다.

그래서 김지씨는 먼저 학생들에게 이런 질문을 했다.

라이언 빙험과 나탈리 키너의 차이는 무엇일까? 있는 대로 찾아보자.

사실 김지씨는 '있는 대로 찾아보자'를 상당히 좋아하는 편이다. '있는 대로' 아니면 '최대한 많이' 이런 식의 수식어를 어지간하면 붙인다. 이렇게 얘기하면 학생들은 정말 쓸데없는 것들까지 찾아내도 상관없다고 생각하기 때문이다. 그렇지 않으면 학생들은 자기 검열에

라이언 방험과 나탈리 키너

사로잡혀 입을 제대로 떼지 못하는 경우가 많다. 예를 들면, 누구나 다 알고 있는 사실, '라이언은 남자이고 나탈리는 여자이다.'라는 것도 일단 찾아서 발표하게 한다. 쓸데없어 보이는 내용도 막상 발표한 뒤에 뜯어보면 이야깃거리가 생겨나는 경우가 종종 있기 때문이다.

　학생들에게 질문을 던져 놓고, 답이 없다면 그것도 난감한 일일 것이다. 처음에 김지씨는 '뭐라도 되겠지.'라는 심정으로 그냥 학생들의 대답을 듣고 수업을 진행해 보려고 했다. 그런데 묘하게 얽혀 있는 이 영화 속 등장인물들의 차이점을 구분하는 것이 생각보다 어려워서, 이야기를 조리 있게 풀지 못하고 계속 버벅거리게 되었다. 난망한 심정으로 수업을 마치고 나온 뒤에 차근차근 다시 수업 상황을 복기하면서 두 인물의 차이를 정리해 보았다. 예상 외로 두 인물의 대조는 쉬운 일이 아니었다. 그런데 그 두 인물의 차이를 정리하는 과정에서 영화를 이해하는 실마리가 풀리기 시작했다.

　김지씨는 먼저 나탈리가 하려고 하는 일부터 학생들에게 설명하기

이런 식으로 자른다는 말이다. 얼마나 황당할까?

로 했다. 그 일로 라이언의 삶이 송두리째 뒤바뀔 위기에 처하기 때문이다. 이 업체에 막 뛰어든 신참 나탈리는 이 회사의 기존 해고 방식을 바꾸려고 한다. 라이언과 같은 해고 대행 직원이 해고 대상자를 직접 찾아가서 해고 사실을 알려 주는 방식이 아니라, 해고 대상자가 인터넷 망으로 연결된 웹캠 앞에 앉으면 본사에 있는 직원들이 원거리에서 해고 사실을 통보해 주는 방식을 제안한다. 엄청나게 소모되는 출장비용을 줄이고, 효율적으로 사업을 운용할 수 있는 혁신적인 제안이라 사장은 적극적으로 이 사업을 추진하기로 한다.

하지만 라이언의 입장에서는 이런 식의 해고 방식이 비인간적이라고 크게 반발한다. 직접 얼굴을 맞대고 해고 당사자의 아픔을 이해하면서 설득하는 과정이 생략된다는 것은 인간의 존엄성을 해치는 일이라고까지 말하며 분노한다. 그리고 나탈리와 같은 신참들은 해고 과정에서 벌어지는 수많은 변수와 복잡성을 이해하지 못하기 때문에 이런 말도 안 되는 방식을 제안했다며 따진다.

두 사람의 충돌 결과는 어떻게 되었을까? 결국 사장은 새 제안의 채택을 유보하면서, 라이언에게 나탈리가 현장 경험을 할 수 있도록 책임지게 한다. 어떻게? 라이언이 나탈리를 직접 데리고 다니면서 가르치는 방식으로. 두 사람은 툴툴대면서 어색한 동행을 시작하게 되는데, 두 인물이 같이 보내는 시간이 길어지면 길어질수록 갈등은 점점 깊어지고, 두 사람의 차이 또한 좀 더 뚜렷하게 드러나기 시작한다.

김지씨는 여기서 영화 속에서 이 두 사람을 표현하는 비유를 찾아냈는데, 그것은 바로 '상어(Shark)'와 '백조(Swan)'이다. 부레가 없기 때문에 한 순간도 멈추지 않고 죽을 때까지 헤엄쳐 다녀야 하는 상어의 삶은, 한 순간도 정착하지 않고 오로지 이리저리 옮겨 다니는 라이언의 모습과 닮아 있다. 그리고 평생 동안 공생하면서 서로를 책임져야 하는 백조(Swan)의 삶은 나탈리의 삶과 비슷하다. 그녀는 명문 대학을 수석으로 졸업한 뒤, 전도유망한 미래가 기다리고 있었음에도 불구하고 남자 친구와의 행복한 결혼 생활을 위해 샌프란시스코의 직장을 버리고 남자 친구를 따라 촌동네인 오마하로 옮겨 왔을 정도로 안정된 생활을 원하고 있었다.

그런데 여기서 재미있는 아이러니가 발생한다. 라이언은 자신의 떠돌이 생활을 유지하기 위해서, 해고 대상자들을 인간적으로 대우해야 한다고 주장하고 있다. 그리고 나탈리는 자신의 안정적인 삶을 유지하기 위해서, 해고 대상자들을 비인간적으로 대우하기를 바라고 있다. 김지씨를 헷갈리게 만들었던 차이가 바로 여기에 있다. 이런 차이를 아주 범박하게 정리해 보면 오른쪽 표와 같다.

김지씨는 이 두 사람의 차이는 스스로가 중요하게 여기는 인간관

	라이언 빙험	나탈리 키너
공적인 해고 절차	인간적	비인간적
사적 인간관계	비인간적	인간적

계의 범위와 깊이가 다르기 때문에 생겨났다고 보았다. 라이언은 모든 사람을 고객 대하듯이 합리적이고 차별 없이 대하고 있는데, 문제는 가족 또한 그렇게 대하고 있었다는 점이다. 나탈리는 공적인 관계와 사적인 관계를 철저하게 분리해서 사적인 관계의 깊이를 위해 공적인 관계는 얼마든지 냉정하게 처리할 수 있다고 믿었던 게 문제였다. 김지씨는 이 두 인물의 성격이 '넓고 얕은 인간관계'와 '좁고 깊은 인간관계'라는 흔히 볼 수 있는 인물 유형 대립의 또 다른 변주(變奏)라는 생각도 들었다.

이러한 차이로 두 인물은 끊임없이 갈등을 겪게 된다. 여기서 김지씨는 뻔한 질문을 던져 본다. '그러면 그 다음은 어떻게 되었나?' 일반적인 로맨스 영화처럼 서로 간의 장점을 깨닫고 두 사람은 차츰차츰 변하게 되겠지. 그리고 그 두 사람은 서로의 소중함을 깨닫고 사랑에 빠지게 되고……. 과연 그럴까? 이 영화는 이런 예상과는 달리 의외의 방향으로 전개가 된다.

그래서 김지씨는 이 영화에 대한 두 번째 질문을 했다.

영화 속에서 라이언과 나탈리의 생각이 차츰 변화한다. 이들의 생각이 어떻게 바뀌었으며, 그 계기는 무엇일까?

영화가 진행되면서 이 두 사람은 자신이 처음 가졌던 생각이나 생활 방식이 서로에 의해 조금씩 변화한다. 그 변화의 가장 중요한 계기는 무엇일까? 그것은 인간 만사가 깔때기처럼 모이는 연애 문제였다. 흥미롭게도 그 둘 모두 자신이 추구하는 방식에 걸맞은 이별을 경험하게 되면서 자신의 삶을 되돌아보게 된다.

나탈리는 그렇게 중요하게 여기던 남자 친구로부터 웹캠으로 해고 통지를 받듯이 핸드폰 문자 메시지로 이별을 통보받았다. 가까운 사람을 소중하게 여기듯이 다른 사람들 또한 대우해야 한다는 단순한 사실을 자신의 방식대로 깨닫게 되는 셈이었다. 뿐만 아니라 자신이 냉정하게 해고한 사람이 자살했다는 소식을 듣고, 해고 대행업이라는 일 자체에서 아예 손을 떼게 된다.

라이언은 어떨까? 그 또한 비슷한 경험을 하게 된다. 단순한 불장난으로 여기던 알렉스와의 관계가 깊어지면서 그는 개별적이고 사적인 관계를 만들기 위해 알렉스의 집을 찾아간다. 하지만 알고 보니 알렉스는 유부녀였다. 가족과 단란한 시간을 보내고 있던 알렉스에게 라이언의 방문은 그녀의 일상을 뒤엎는 위험하고 철없는 행동이었다. 라이언은 자신이 엔조이 상대에 불과했다는 말을 알렉스로부터 듣고 절망하게 된다. 그 또한 그가 살아왔던 방식 그대로 알렉스에게 이별을 통보받은 셈이다.

대부분의 영화가 인물 성격의 변화와 함께 마지막에 행복한 결말을 선물해 주지만, 이 영화는 그렇지 않은 것 같다. 두 인물은 변화했지만 그리 행복해진 것은 아니기 때문이다. 특히 라이언은 더 그렇다. 나탈리가 떠나면서 모든 프로젝트는 중단되었고, 원래 라이언이 원하던 직접 해고 방식으로 돌아가게 되었다. 라이언이 이제 그런 방식을 그리 좋아하지 않는다는 게 문제였지만…….

#3_ 인물의 유형과 소재의 의미

김지씨는 이 영화를 보면서 쾌재를 불렀다. 조금 심하게 말해서 이 영화는 국어 교사를 웃게 만드는 영화라고나 할까? 왜냐하면 이 영화를 통해 이야기를 나눌 수 있는 국어 교과와 관련된 내용이 여럿 있기 때문이다.

가장 먼저 학생들과 이야기할 수 있는 것은 '인물 유형'이다. 인물 성격 유형이라고 해서 '입체적 인물/평면적 인물'이나 '전형적 인물/개성적 인물'이라는 유형을 기본으로 가르치기는 하지만, 뭐가 입체적인지 뭐가 전형적인지 제대로 이해하지도 못한 채 개념만 설명해 준 뒤에 막상 실제 작품에 적용하면 뭐가 뭔지 구별하기가 힘들다. '입체적 인물'과 '평면적 인물'은 인물이 작품 속에서 성격이 변화하느냐 아니냐가 주된 차이점일 텐데, 따지고 보면 놀부도 마지막에는 성격이 변하니까 '입체적 인물' 아닌가 하는 의문을 김지씨는 항상 마음속에 품고 있었다. 그러니 학생들이 물어보면 얼버무릴 수밖에. 역시 근본 없는 지식은 금방 밑천이 드러날 수밖에 없다.

하지만 〈인 디 에어〉에 등장하는 인물들을 놓고 학생들 스스로 이야기하게 하다 보면, 자기도 모르는 사이에 이런 개념을 습득할 수 있게 된다. 예를 들어, 앞에서 이야기한 '라이언과 나탈리의 차이는 무엇일까?'라는 질문에 대답하려면 학생들은 두 사람이 다른 반응을 보이는 여러 장면을 주목하게 되고, 각 장면에서 인물의 성격을 유추하게 된다. 그렇게 대조되는 인물의 성격을 정리해 가면서 이 인물들의 성격이 변화하는 과정을 깨닫게 된다. 군이 '입체적/평면적'이라는 개념을 알지 못하더라도, 처음과 달라지는 '라이언'의 모습과 달리 같은 사건을 겪고도 변하지 않는 '알렉스'는 뭔가 다른 유형의 인물이란 점을 학생들은 쉽게 이해할 수 있다.

또한 학생들은 '라이언'과 '나탈리'를 비교하면서, 이 두 인물이 개성적인 인물이기도 하지만, 어떤 한 유형의 인물을 대표하고 있다는 사실도 알게 된다. 라이언은 공식적인 일에 모든 것을 던진 인물이며, 나탈리는 사적인 관계를 위해 공적인 관계를 희생할 수도 있는 인물이라고 본다면 말이다. 이건 마치 직장 일 때문에 사생활을 내팽개친 '아버지'와 가족의 뒷바라지를 위해 자신의 모든 삶을 내던진 '어머니' 같은 유형과 비슷하다. 이 과정에서 학생들은 자연스럽게 '전형적 인물'이라는 개념에 대해서도 깨닫게 되지 않을까.

또한 영화에 나오는 소재와 관련하여 '백팩과 캐리어의 차이는 무엇일까?'라는 질문을 던지고, 이에 대해 이야기를 나눌 수 있다. 이 질문은 어느 정도 작품의 의미를 읽어 낼 줄 아는 학생들에게 던지면 좋은 질문일 것 같다. 왜냐하면 '소재의 상징적 의미'를 읽어 낼 수 있어야 하기 때문이다. 이런 질문을 던졌을 때, 독서 능력이 뛰어난 학생이 아니라면 질문의 추상성 때문에 답을 하기가 쉽지 않다. 그럴 때 김지씨는 캡처 화면 하나를 보여 준다.

그것은 라이언의 캐리어 가방을 보여 주는 장면이다. 원래는 그의 성격상 깔끔하게 잘 닫힌 가방을 들고 다니는데, 이 가방에는 웬 커플의 사진이 삐져나와 머리를 내밀고 있다. 이 사진의 주인공은 거의 연락을 끊고 지내던 라이언의 여동생 커플이다. 여동생은 여행을 많

과연 이 장면의 의미는 무엇일까?

이 다니는 라이언이 자신의 결혼식 선물로 출장 간 지역의 유명한 장소를 배경으로 그 사진을 들고 기념사진을 찍어 오기를 바란다. 경제 사정상 신혼여행을 못 가는 대신에 고육지책으로 생각해 낸 방법이다. 그런데 그 사진의 크기가 캐리어 가방 안에 완전히 들어가지 않는 게 문제였다. 그렇다면 이 장면은 무얼 의미할까?

앞서 김지씨는 라이언의 삶을 비유하는 대상으로 '상어'를 들었다. 사실 거기에 덧붙여 중요한 비유가 또 하나 있는데, 라이언이 강의할 때 항상 이야기하는 '백팩의 비유'가 바로 그것이다. 그는 강의에서 자신의 삶을 짓누르고 있는 삶의 백팩에서 벗어날 것을 역설한다. 이 삶의 백팩 안에는 안정과 정착을 상징하는 많은 것들이 들어 있다. 자동차, 집, 가족 등등. 이런 것들은 안정된 삶의 기본적인 요소이지만, 라이언에게는 가벼운 삶을 짓누르고 있는 무거운 짐일 뿐이다. 특히 그 백팩 속에 들어 있는 것 중 가장 무거운 건 인간관계이다.

그렇기 때문에 라이언은 공적인 인간관계를 제외한 그 모든 사적인 관계를 지속적으로 유지하려 하지 않는다. 상어처럼 쉴 새 없이 움직이려면 짊어진 무게가 적으면 적을수록 좋기 때문이다. 그렇다면 백팩 대신 그에게 필요한 것은 무엇일까? 그것은 여기저기 끌고 다닐 수 있는 캐리어 가방이다. 이 가방을 싸는 장면으로 영화가 시작할 정도로 라이언의 삶을 상징적으로 보여 주는 소재가 바로 캐리어 가방이라고 할 수 있다.

그런데 이런 의미를 담고 있는 캐리어 가방에서 동생 부부의 사진이 얼굴을 반쯤 내밀고 있는 것은 무슨 의미일까? 그건 완벽하게 잘 갖추어진 라이언의 삶에서 가족이라는 존재는 아귀가 잘 맞지 않고, 어색하게 튀어나온 존재라는 의미가 아닐까? 아무리 깔끔하고 완벽하게 쿨한 삶을 혼자서 살아가고 싶더라도, 그게 쉽지 않다는 사실을 이 장면은 잘 보여 준다. 가족으로 대표되는 인간관계의 끈적함이 라이언의 깔끔한 삶의 발뒤꿈치쯤에 언제나 묻어 있을 수밖에 없다는 진실을 이 장면은 대변하고 있는 셈이다.

영화를 읽는다는 것은 이런 장면을 차분하게 다시 생각해 본다는 것을 뜻할 텐데, 장면 하나를 놓고 영화 전체의 의미를 되새길 수 있기에 이런 장면은 상당히 의미 있다. 특히 '소재의 상징적 의미'를 그냥 외우기보다 문학적 경험으로 되새길 수 있는 계기를 줄 수 있어서 이런 장면은 훌륭한 교육적 가치를 가지고 있다고 생각한다.

#4_ 이 영화에서 진짜 나누고 싶은 것?

영화의 등장인물 분석 혹은 장면의 숨은 의미 같은 것을 수업 시간에 다루는 것도 좋지만, 김지씨가 이 영화에서 꼭 다루고 싶은 부분은 따로 있다. 이 작품을 보고 나서 사람들의 뇌리에 남아 있을 법한 가장 무거운 생각은 바로 '해고'가 담고 있는 개인적·사회적 의미가 아닐까.

오늘날 한국 사회는 쌍용자동차, 한진중공업 등 이름만 들어도 바로 떠올릴 수 있는 심각한 해고 문제로 인해, "해고는 살인이다."라는 말이 사람들 입에 오르내릴 정도이다. 먼 나라 이야기를 다루고 있는 영화 한 편으로 눈앞에 닥친 현실의 어려움을 얼마나 제대로 담아낼 수 있겠는가 싶지만, 이 영화 또한 해고가 개인에게 미치는 영향에 대해 진지하게 생각해 볼 수 있는 기회를 제공한다는 점에서 학생들과 꼭 함께 다뤄 볼 만한 영화라고 생각한다. 특히 영화 첫 부분과 끝 부분에 나오는 해고자의 이야기와 작품 중간중간 주인공과 해고 당사자들 사이에 벌어지는 대화는 해고가 노동자들에게 어떤 문제를 불러일으키는지 적나라하게 보여 준다.

"스트레스 수준상 해고는 가족 중에서 누가 죽은 것과 비슷하다는 이야기를 들은 적이 있다. 그런데 막상 해고를 당하고 보니 다른 동료들이 가족인 것 같고 내가 죽어 버린 것 같은 기분이 들었다."

작품 속 해고자들의 말 중에 김지씨를 가장 슬프게 했던 말이다. 영화를 보다 보면 이런 말들이 작품 속 해고자들의 입을 통해 학생들에게 직접 전달된다. 학생들은 이를 통해 해고의 심각성을 깊이 느끼게 되는데, 문제는 그렇게 느낀 뒤에 '그러니까 나는 공부 열심히 해서 좋은 직장 잡고, 거기서도 열심히 일해서 절대 잘리지 말아야지.'라는 식으로 마음먹게 된다는 점이다. 이건 이 영화가 이야기하고 싶은 내용이 절대 아니라고 김지씨는 생각했다. 그럼 이 영화에서

나탈리의 눈앞쯤에 붙어 있는 스티커를 주목하라!

읽어야 할 메시지는 뭘까? 그건 김지씨의 날카로운 눈이 잡아낸 위의 장면에 있었다.

　이 장면은 디트로이트의 한 회사에서 라이언과 나탈리가 해고 대상자들을 해고하는 장면이다. 여기서 나탈리는 자신이 제안한 방법대로 사람들을 해고한다. 그런데 막상 자신의 방법, 즉 화상 채팅으로 해고 통지를 보내자 해고 당사자가 격한 감정을 추스르지 못하고 울음을 터트리면서 나탈리 또한 큰 충격을 받게 된다. 그런데 이 캡처 화면을 잘 보면 알겠지만, 그렇게 해고된 노동자가 사무실에서 나와 돌아가는 장면에서 아주 짧은 순간 유리창에 붙어 있는 스티커에 카메라의 초점이 맞춰지는 것을 알 수 있다. 김지씨도 처음에는 잘 몰랐다가 이 영화를 여러 번 보면서 알게 되었는데, 초점이 맞춰진 바로 그곳에는 'Union Yes'라는 스티커가 붙어 있다. 김지씨의 짧은 영어 실력에도 'Union'이 '노동조합'을 의미하는 건 알겠으니, 그 뜻은 '노동조합 예스' 이런 것일 테고, 그건 영화의 맥락상 '노동조합이 있어야 한다'는 의미를 담고 있는 것이라고 볼 수 있다.

김지씨 마음대로 그 장면을 해석해 보면, 라이언과 나탈리 같은 사람들이 마음대로 쳐들어와서 사람들을 무자비하게 해고할 수 있는 것은 어쩌면 강력한 노동조합이 없기 때문이니, 노동조합을 결성할 필요가 있다는 메시지를 조심스럽게 보여 주고 있는 것이 아닐까? 그렇게 중요한 메시지를 왜 이렇게 슬쩍, 그것도 사람들이 알아차리지 못하도록 했냐고 물어본다면, 김지씨는 '미국 사회가 가지고 있는 노동조합에 대한 편견 때문에 감독이 살짝 쫄았던 게 아닐까요?'라고 구구한 변명을 댈 수도 있다. 그럼에도 불구하고 뭐 확실한 해석은 아니지만, 감독이 은근하게 그 문구를 비춘 이유가 분명히 있을 거라고 생각한다면 김지씨의 해석이 틀린 것은 아닐 거라고 믿는다.

#5_ 미생(未生)과 완생(完生) 사이

김지씨는 웹툰을 참 열심히 본다. 학교에 출근해서 네이버 웹툰과 다음 웹툰을 훑고 시작하지 않으면 하루가 상쾌하지 않다. 혹시라도 만화가 제시간에 올라오지 않으면 강박적으로 '오늘의 웹툰' 창을 반복해서 열어 본다. 그런 김지씨가 감동적으로 보았던 웹툰 중에 하나는 포털 사이트 '다음'에 연재되었던 윤태호 만화가의 〈미생(未生)〉이다. 대기업에 입사한 인턴사원 '장그래'의 생활을 통해 이 시대 직장인들의 삶을 섬세하게 그려 낸 만화로, 비슷한 처지의 직장인들에게 좋은 반응을 얻은 작품이다. 어떤 사람은 한 직장인의 성장담을 다루고 있다는 이유로 일본의 〈시마 과장〉이라는 작품과 비교하곤 하는데, 김지씨는 이 두 작품을 비교 선상에 놓는 것 자체를 싫어할 정도로 〈미생〉에 빠져 버렸다.

〈시마 과장〉이 1970년대 일본의 이야기로 시작하는 반면, 〈미생〉은 요즘의 한국 상황을 다루고 있기에 좀 더 와 닿는다는 단순한 차원은 아니었다. 일단 반반한 얼굴을 무기로 여성들의 마음을 뺏은 뒤 그녀들의 힘을 빌려 성공 가도를 달리는 시마 과장, 아니 지금은 시마 사장이 된 주인공에게 김지씨는 별다른 호감을 느낄 수가 없었다.

또한 정치적 올바름의 관점에서 보더라도 〈시마 과장〉과 〈미생〉속 등장인물들의 품격은 달라도 너무 달랐다. 노동조합 활동을 무슨 공산주의 공작쯤으로 치부하고 기업 성장의 걸림돌로 판단하는 시마와는 달리, 〈미생〉속 장그래의 상사인 오 과장은 장그래의 입사가 결정된 후에 그 기념으로 대한문에 위치한 쌍용차 농성장으로 장그래를 데리고 간다. 아직 '미생(未生)'의 처지에 있는 계약직 사원 장그래에게 오 과장은 '완생(完生)'되지 못하고 죽음과 같은 '해고'라는 상황에 처한 쌍용자동차 해고 노동자들의 현실을 여과 없이 보여 주고 싶었던 것 같다. 여기서 김지씨는 〈미생〉의 정치적 올바름이 빛을 발한다는 느낌을 받았다.

고용 불안 사회를 살고 있는 요즘 세상에, 웬만한 파렴치 범죄를 저지르지 않는다면 해고될 위험이 거의 없는 정규직 직장인 김지씨는 그야말로 '갑'의 위치에 있다고 해도 그리 틀린 말이 아니다. 그런데 김지씨의 학교만 해도 이놈의 교육과정 개악으로 잘려 나간 기간제 선생님들이 상당히 많다. 그것도 매년, 연례행사처럼 이런 일들이 벌어진다. 김지씨야 정규직의 막차를 탄 입장으로서 그 사람들에게 미안한 마음밖에 없지만, 지금으로부터 4~5년 전 김지씨 또한 같은 학교에서 기간제로 근무한 적이 있었기에 그 불안함과 막막함을 이해할 수 있다. 다음 해 정규직 채용이 어려울 수도 있다는 교감 선생님의 한마디에 그간의 믿음이 모두 무너져 버리고 처음부터 다시 시작해야 하는 상황이 되었을 때, 주변에서 함께 웃고 떠들던 정규직 선생님들에게서 느꼈던 거리감을 김지씨는 아직도 기억하고 있다. 그때쯤 김지씨는 평소에는 잘 안 꾸던 악몽에 시달리기도 했었다. 다들 걸어가고 있는 길에서 살짝 미끌어진 김지씨가 끊임없이 떨어지고 있을 때, 아무리 불러도 아무도 쳐다보지 않아 소리를 지르며 깨어나던 그때가 이 영화를 통해 새삼 떠올랐다.

'비용 절감'을 위해 '해고'는 어쩔 수 없는 일이라고 말하는 사람들의 머릿속에 이런 절망감과 슬픔, 분노 같은 비용이 들어 있기는 한 건지 김지씨는 문득 궁금해졌다. 보이지 않는다고 해서 실제로 없는 것이 아니라는 단순한 사실을 그 사람들은 왜 모를까? 모든 미생(未生)의 삶이 완생(完生)의 삶이 될 수 있기를 바라면서, 김지씨는 내년에도 학생들과 함께 〈인 디 에어〉를 보겠다고 다짐한다.

다시군의 영화 수업 이야기

그러니까, 그게 제일 당황스러웠다.

남자 중학교에서 5년을 보냈다. 거친 아이들을 많이 만났다. 부모의 폭력, 가정불화, 가출, 왕따와 폭행, 오토바이 절도와 빈집털이, 패싸움과 성범죄……. 힘없고 가난한 동네의 아이들이었다. 그래서 더 힘없고 가난한 것을 혐오했는지도 모르겠다. 그들의 부모와 대개의 어른들이 이미 그러했으니까. 분명 그것은 구조의 문제였으나 그것으로 부모와 어른의 책임이 면해질 수는 없었다.

그나마 어떻게든 겪어 보았거나 들어 본 유형의 아이들을 대하기는 좀 나았다. 하지만 예상하지 못한 모습의 아이들을 만나는 것이 정말 어려웠다. 라이터로 교복 단추를 달궈서 플라스틱 덮개를 떼고는 학교의 인장이 드러난 그 쇠단추를 친구의 목덜미에 갖다 대며 키득거렸다는 아이가 있었다. 학교 근처 미나리 밭에서 잡아 온 청개구리들의 머리를 쇠로 된 필통으로 하나씩 잘라 내며 좋아하는 아이도 있었다. 정말이지 농밀하도록 티 없이 맑게 폭력적인 이 아이들을 만나면서, 다시군이 느낀 감정은 당혹감이었다. 대체 이 아이들의 삶을 어떻게 대해야 할까?

그러나 무엇보다 다시군을 당황스럽게 만든 것은 결국, '자신'이었다. 교실에서 아이들의 날선 감정을 날것 그대로 만났을 때 그 순간에 튀어나온 다시군의 반응은, 어린 시절 다시군이 미워하던 못난 선생의 모습 그대로였다. 세상의 모든 명분이 다시군의 뒤에 있는 듯 당당하게 고성과 분노로 가득 채운 그 시간을 보내고 교무실로 들어서면 어느새 자괴감으로 온몸이 꺼졌다.

문제는 그런 격렬한 시간을 보내고도 해결되는 문제가 아무것도 없다는 것이었다. 다시군도 미처 몰랐던 자신의 모습을 돌아보며 다시군은 당혹스러웠다. 정말이지 습관은 의식보다 힘이 센 것일까? 물론 그러하겠지만, 그럼에도 불구하고

그 자리에 머물고 싶지 않았다.

다시군은 이 아이들의 부모가 아니었고 친구도 될 수 없었다. 다시군은 교사였으므로, 교사의 자리를 찾아야 했다. 이 아이들이 행복하기를 바랐고 어떻게든 자기 힘으로 제 삶을 꾸려 가기를 바랐다. 이 아이들의 상처와 응어리에 공감하고 응원하려고 애쓰는 어른 정도면 그런대로 괜찮지 않을까 싶었다. 교사로 살기 시작하면서 품었던 포부에 비하면 소박한 바람이었으나 그런 소박함을 지키는 일도 만만치 않았다.

먼저 다시군이 할 수 있는 이해와 공감에 한계가 분명하다는 것

을 인정해야 했다. 아이의 분노는 다시군의 이해를 넘어서기 일쑤였고, 더러 아이의 상처는 다시군이 감히 공감한다고 말할 수 없을 만큼 깊었다. 위선과 폭력에 노출된 아이일수록 위선과 폭력에 예민했다. 그래서 이해한다거나 공감한다는 말 따위를 좀 더 신중히, 좀 더 신중히 해야 했다. 최선을 다해 정중하게, 그리고 솔직해야 했다.

"선생님은 공무원이고, 정규직이고, 이건 일이잖아요."

맞는 말이었다. 그러나 그런 것으로 한정할 수 없는 안타까움과 간절함이 분명 있었다. 그 마음이 전달되는 것만이 다시군이 할 수 있는 일의 전부일 때도 있었다. 말로 되는 일이 아니었다. 몸으로 견디며 뚫고 나아가야 하는 일이었다. 실패한 만남은 다시군에게도 상처가 되었다. 그중 몇은, 떠올리면 지금도 등골이 서늘하다.

그렇게 5년을 보냈다. 물론 즐거운 시간이 더 많았다. 아이들이 살아온 시간과 앞으로 살아갈 시간은 다시군이 어쩔 수 있는 것이 거의 없었다. 그러나 어쩔 수 없는 것은 어쩔 수 없기 때문에 어쩔 수 없는 것이다. 다시군은 다만 어쩔 수 있는 것에 집중하려고 했다. 담임 교사로, 교과 교사로 아이들과 만나는 그 시간만큼은 온전히 다시군의 몫이었다. 그 시간이 아이들에게 즐겁기를 바랐다. 다시군이 할 수 있는 일이란 가정 방문이나 짜장면 몇 그릇, 학급 야영을 비롯한 몇 개의 행사, 이런저런 활동으로 꾸려 본 수업들이 고작이었으나 감사하게도 아이들은 (적어도 다시군에게는 충분하도록) 즐거워해 주었다. 언젠가 돌아본 학창 시절의 한때가 씨익 번지는 따뜻함으로 남기를 다시군은 바랐다. 그 따뜻함이 아이들 안에 남아 거친 삶에도 끝내 살아 있기를 바랐다. 아픈 기억이 많은 아이들에게 더욱 그랬다. 삶이 고단할수록 우리 삶을 버티게 하는 건 대개 그런 작지만 끈질

긴 따뜻함이라고 다시군은 믿었기 때문이다.

일반계 남자 고등학교로 근무지를 옮기고 나서 독서 시간에 영화를 보자고 나선 것도 그런 마음의 연장이었다. 아이라고 부르기에는 민망할 만큼 훌쩍 커 버린 청년들을 다시군은 '학생'으로 대하고 싶었다. 함께 진지하고 즐겁게 배움에 임하는 사람으로 대하고 싶었다. 아이들도 대부분 자신을 학생으로, 그러니까 '배움'에 성실히 참여해야 할 사람으로 받아들이긴 했다. 그러나 수업을 시작하고 10분이 못 지나 학생들의 절반이 졸음으로 엎어지는 일반계 남자 고등학교의 교실에서, 다시군은 다시 당황했다.

중학교에서 이런저런 일들을 많이 겪었지만 이런 정도의 무기력을 만나지는 못했다. 이제 웬만한 당황은 그럭저럭 겪어 보았다는 자신감이 있었기에 그 당황은 더 참담했다. 일반계 고등학교에서는 어쩔 수 없다고 받아들인 문제 풀이 수업에서 문제를 가장 열심히 풀고 있는 것은 다시군이었다. 다시군은 가르쳤으나, 학생들은 배우지 않았다. 이것이 문제였다. 그러니까

'교사의 가르침은 학생의 배움으로 완성된다.'

라는 말이 사실이라면, 그 시절 다시군의 수업은 대부분 실패했다. 아니, 시작도 못 했다. 배움이 일어나지 않았기 때문이다. '대체 어떻게 해야 학생에게 배움이 일어나도록 할 수 있을까?', '내가 어쩔 수 없다고 받아들인 문제 풀이 수업은 정말 어쩔 수 없는 것이었을까?' 그래서 교사로서 다시군의 질문은 이것이었다.

'이 교실에서 이 학생들과 함께 무엇을 읽을 수 있을까?'

그때 다시군의 눈에 들어온 것이 영화였다. 남자 고등학교 학생들은 대개 책을 잘 읽지 않았다. 읽고 싶어 하지도 않았다. 그러나 영화는 많이 봤다. 그것도 아주 많이 봤다. 적어도 소설책 한 권을 읽지 않은 아이는 있어도 영화 한 편을 보지 않은 아이는 없었다. 안타까운 것은 영화를 보았다는 그 체험이 대부분 탄산음료 한 잔을 마시는 쾌감에서 한 발도 더 나아가지 못했다는 것이다.

크리스토퍼 놀란 감독의 〈다크 나이트〉를 몇 번이나 보았어도 학생들이 기억하는 것은 거대한 트럭이 뒤집어지는 장면이나 도무지 이해할 수 없는 조커의 기괴한 대사 몇 개였다. 로베르토 베니니 감독의 〈인생은 아름다워〉를 보며 남긴 웃음과 슬픔은 대체 왜 인생은 아름다운지와 이어지지 못했고, 이창동 감독의 〈박하사탕〉은 '으아아암…… 뭐야, 이 영화는?'에서 멈춰 버렸다. 문학 작품을 읽고 나서의 반응과 그리 다르지 않은 모습. 그러나 '교실'에서 '함께' 영화를 보았을 때, 학생들은 분명히 달랐다. 학생들은 대부분, 영화를 '스스로' 보았다. 그리고 학생들은 스스로 '웅성댔다'. 모든 학생들이 전부 다 그러했던 것은 아니었지만, 대개의 학생들이 분명 그러했다.

스스로, 웅성댄다는 것. 그것은 학생들 안에 질문이 맺혔다는 뜻이다. 그것은 학생들이 스스로 묻고, 답하고, 멈추고, 싸우고, 막나가고, 비아냥대고, 농담을 하고, 주장을 하고, 근거를 찾고, 중얼거리고, 그렇게 맥락을 잇고, 예를 들고, 경험을 나누고, 그래서 다시, 스스로 질문에 골똘히 빠져들 수 있다는 것을 뜻했다. 세상과 삶에 대한 인식의 시작은 결국, '질문'이 아닌가. 영화를 보고 나서 학생들이 그 '질문'을 시작했던 것이다.

다른 무엇보다, '영화' 그 자체의 매력 때문이었다. 읽는 일이란 쉽지 않다. 그러나 보는 것은 어렵지 않다. 영화는 대개 따지거나 설명하지 않고 그저 보여 준다. 그것도 2시간 남짓의 시간 동안 아주 맹렬하게 보여 준다. 어쩌면 말할 틈도, 생각할 틈도 없이 쏟아지는 영상의 맹렬한 압박이, 그 맹렬한 압박으로부터의 해방이 영화가 끝난 후 학생들의 웅성거림을 만들어 내는 근원인지도 몰랐다.

어찌 됐든 학생들은 영화를 다 보았고, 더구나 반응까지 보였다.

'우와, 완전, 대박, 졸라, 빡치네, 극혐, 노답, 약 빨은! 레전드, 역대급, 졸잼, 꿀잼, 엄지척, 뜬금, 이뭐병……'

학생들이 먼저 감정을 보였다. 이것이 중요했다. 감정이 움직여야 논리가 시작된다. 학생들의 감정을 좀 더 끌어내고 싶었다. 이 감정들의 곳곳에 맺혀 있는 질문들을 곱게 모아 무럭무럭 키워 보고 싶었다. 그래서 학생들과 함께 그 질문의 숲을 거닐어 보고 싶었다. 그 안에서 서로 묻고, 답하고, 멈추고, 싸우고, 막나가고, 비아냥대고, 농담도 하고, 주장을 하고, 근거를 찾고, 중얼거리고, 답답해하고, 그러다 깨달음처럼 영상을 떠올리고, 설명을 하고, 경험을 나누고, 그래서 다시, 함께 세상과 인간에 대한 질문에 고요히 빠져들고 싶었다.

물론 모든 영화가 학생들에게 매력적인 것은 아니었다. 학생들이 내내 몰입할 만큼 재밌으면서도 질문이 풍성한 영화를 찾아야 했다. 매력적인 영화를 찾았다 해도 다시군이 먼저 영화에 대한 이해를 깊이 해야 했으며, 학생들을 영화의 관객에서 수업의 주인공으로 나서게 할 방법도 필요했다.

영화 수업을 진행하며 불쑥불쑥 튀어나오는 문제들은 어느 것 하나 해결하기에 만만한 것이 없었다. 영화 수업을 진행하면서 다시군은 낮설고, 서툴고, 불안했으며, 그래서 외롭기도 했다. 그럼에도 불구하고 다시군이 영화 수업을 밀고 나갈 수 있었던 것은 오로지

재미있었기 때문이다.

학생들은 영화 수업이 재미있다고 했다. 같이 보았으면서도 보지 못한 것이 있다는 것을 신기해했고, 영화의 어느 장면이 우리 삶의 여러 순간과 겹칠 수 있다는 것에 놀라워했다. 어느 누구도 인문학이나 철학, 과학과 사회학을 내세우지 않았지만 대화와 토론 뒤에 학생들이 제출한 글에는 인문학이나 철학, 과학과 사회학을 진지하게 탐색한 흔적들이 역력했다. 수업은 학교에서 멈추지 않았다. 영화 수업이 모두 끝나고 나서 가끔 학생들은 다시군에게 자기들끼리 함께 본 영화를 가져와 이런저런 이야기를 늘어놓으며 삶에 대해, 구조에 대해, 인간에 대해 물었다. 진심으로 영화감독들에게 '엄지척'과 '꿀잼'을 선사하기도 했다. 이제 학생들에게 영화는 탄산음료 한 잔의 쾌감에서 멈추지는 않는 듯했다.

다시군은 당연히 세상의 모든 영화를 다 볼 수 없었고 학생들의 이야기를 모두 알아들을 수는 없었으나 그 모습을 지켜보는 것은 즐거운 일이었다. 재미있는 것들에 이런 의미가 담겨 있다는 것을, 의미 있다고 하는 것들에 이런 재미가 있다는 것을 학생들이 스스로 찾아내며 즐거워하기를 다시군은 바랐다. 그래서 마침내 학생들이 고요함에 이르기를 바랐다. 삶에 대해, 세상에 대해, 무엇보다 자신

에 대해 가만히 돌아보는 그 시간의 고요함. 그 고요함이 모든 종류의 격분과 증오에서 그들을 구하리라고 다시군은 믿는다.

이 글은 그 고요함에 이르려 했던 수업의 기록이다. 고요함을 향한 이 길과 능선에서 학생들이 부디 '우와, 완전, 대박, 졸라, 빡치네, 극혐, 노답, 약 빨은! 레전드, 역대급, 졸잼, 꿀잼, 엄지척, 뜬금, 이뭐병' 등으로 내내 명랑하기를 바란다.

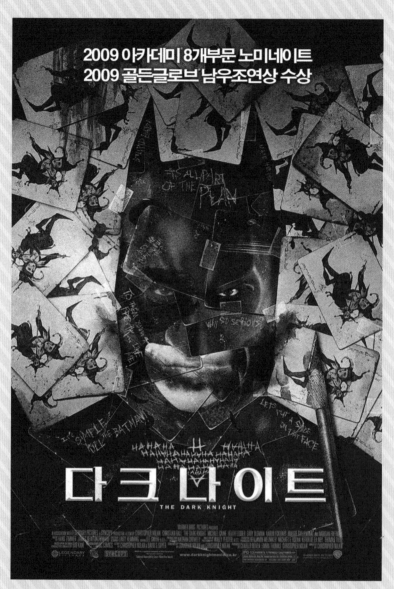

The Dark Knight

배트맨이 범죄자라고?

다크 나이트

크리스토퍼 놀란 감독의 〈다크 나이트〉(2008)는 배트맨 시리즈 3부작 중 두 번째 영화이다. 이 영화는 온갖 역경을 이기고 정의를 지킨 배트맨에게 찬사를 보내는 영화가 아니다. 오히려 배트맨을 더욱 곤경에 빠뜨리고, 악당을 북돋고, "우~" 하는 야유를 배경음으로 관객들로 하여금 배트맨의 '공평함'을 의심하게 한다. 과연 우리 모두에게 공평한 것은 무엇일까?

학생들과 함께 그 질문의 숲을 거닐고 싶었다. 무엇보다 액션에 열광하는 고등학교 남학생의 감성에 부응하면서 근본적으로 학생들이 선망하는 그 '영웅'이라는 것이 과연 우리 삶에 의미하는 바는 무엇인지, 일상적이지만 근본적인 질문을 함께 이야기해보고 싶었다. 배트맨, 당신 정말 영웅 맞아?

#1_ 배트맨, 이상한 범죄자

먼저 살펴보는 것은 조커가 저지른 죄이다. 배트맨에 대적하는 정말 나쁜 악당이니 등장할 때마다 수두룩하게 죄를 지어 주신다. 학생들과 함께 장면 장면을 돌이켜보면서 그것이 어떤 죄인지 하나하나 적는다. '살인, 살인 교사, 협박, 납치, 고문, 강도, 방화, 주거 침입, 도로 교통법 위반' 등등 많기도 하다. 당연하지, 악당인데. 뭐 이런 시답잖은 질문을 하느냐는 표정의 학생들에게 다시군은 날카로운 눈썰미와 명확한 판단력 등등 한껏 칭찬을 늘어놓은 뒤, 과제 하나를 던진다.

자, 이제 배트맨이 저지른 죄를 정리해 보자.

학생들의 웅성거림이 높아진다. 우리의 영웅이 죄를 저질렀다고? 물론 그럴 수 있지. 살면서 사소한 죄 몇 개 저지르지 않는 사람이 어딨어? 영화 장면을 구체적으로 설명하며 배트맨의 죄를 정리하고 발표하도록 한다. 그랬더니 세상에, 무슨 죄를 이렇게 많이 저질렀어? 발표가 이어질수록 웅성거림이 높아진다.

완전 무장에 방탄 장갑을 두른 배트카와 배트맨 바이크로 교통 신호에 상관없이 온 도시를 내달렸으니 당연히 도로 교통법 위반이고, 조커를 잡기 위해 남의 차들을 몽땅 부숴 버렸으니 남의 재산을 파괴한 죄 또한 크다. 이 정도야 장난이고, 건물 무단 침입에 사제 무기 제조, 폭파, 방화, 폭행, 납치는 물론이요, 국제법 위반, 사생활 침해 및 개인 정보 도용, 공금 횡령 등등 엄청난 죄를 많이도 저질렀

배트맨 바이크의 후련한 액션. 그 액션의 후련함만큼 배트맨의 죄도 후련하게 늘어 간다.

다. 이야, 이거 배트맨 완전히 무지막지한 범죄자잖아?

그랬더니 어째 분위기가 좀 이상하다. 처음에는 웃으며 재밌게 신기하게 배트맨의 적법성을 따지던 학생들의 얼굴에 하나 둘 고뇌가 묻어난다. 부글부글, 뭔가 맘에서 끓어오르는 것들이 언뜻 비장해 보이기도 한다. 아니 그럼, 배트맨이 범죄자라는 거야? 그는 정의를 위해 자신을 희생한 우리의 영웅 아니던가! 그럼 영웅을 향한, 정의를 향한 우리의 선망이 잘못된 건가? 뭐야, 이거. 정의를 조롱하는 건가? 뭔가 알쏭달쏭해 하면서도 뭔가 억울한 표정의 학생들.

그래, 그렇지. 분명히 배트맨은 정의를 지키려는 사람이다. 또한 분명히, 그는 조커처럼 법을 어긴 범죄자이기도 하다. 그러나 두 사람은 같은 종류의 범죄자라고 보기는 힘들지. 그래, 맞아. 자, 그럼 또 질문.

조커와 배트맨, 그들은 무엇이 다를까?

#2_ 조커, 광기에 대한 성찰

배트맨에게 다가가기에 앞서, 아니 배트맨에게 좀 더 다가가기 위해 우리가 먼저 만나야 할 사람은 '조커'이다. 대체 그는 왜 그렇게 배트맨을 괴롭히는가? 그런데 이상하게도 그는 왜 자신을 배트맨의 절친이라 이야기하는가? 물론 배트맨은 진저리 치며 거부하지만, 조커는 그렇지 않다. 정신병원 골방이라도 배트맨과 함께라면 어디든 가겠단다. 그러나 배트맨을 향한 조커의 사랑이 무조건적인 것은 아니고 그 나름의 내력이 있다.

조커가 만나는 이들에게 들려주는 상처 이야기. 입에서 귀로 이어져 그를 조커로 보이게 하는 이 상처의 한쪽은, 어릴 적 무시무시한 아버지의 가정 폭력으로 어머니를 잃고 나서 생겼단다. 다른 한쪽은 아내에게 자신의 사랑을 증명하기 위해 스스로 만들었으나 그 모습을 혐오하며 아내가 떠난 탓에 더 아프게 남았단다. 누군가를 겁주려는 때마다 음울하게 들려주는 그의 이야기가 단순한 협박인지 아니면 진실인지 정확히 알 수는 없다. 그러나 한 가지 분명한 것은 그가 인간이 언제 공포를 느끼는지, 어떻게 해야 광기를 공포의 원천으로 삼을 수 있는지 명확히 알고 있다는 것이다. 그를 통해 우리는 인간의 공포와 광기가 비롯되는 과정에 대해 성찰할 계기를 얻는다.

에리히 프롬에 의하면, 실존적 측면에서 볼 때 한 인간의 탄생과 실낙원 사건은 거의 같은 상황이다. 한 인간의 탄생이란 모태로부터 분리되어 모든 것이 비결정적이고 불확실하며 개방적인 상황으로의 추방이다. 여기에 인간의 원초적 소외 의식과 불행 의식이 있다는 것이다. (중

광기에 찬 얼굴의 조커

략) 그러므로 인간의 가장 절실한 욕구는 이러한 분리 상태를 극복해 고독이라는 감옥을 떠나려는 욕구이다. 이 목적의 실현에 절대적으로 실패할 때 광기가 생긴다. 모든 시대, 모든 문화의 인간은 동일한 문제 곧 어떻게 분리 상태를 극복하는가, 어떻게 결합하는가, 어떻게 자신의 개체적 생명을 초월해서 합일을 찾아내는가 하는 문제에 직면하고 있다.
— 김용규, 《영화관 옆 철학카페》, 이론과실천

　모든 요구와 필요가 충족되는 자궁은 아기에게 낙원이다. 그래서 그곳을 아기의 궁궐, 곧 '자궁'이라 하는 것이다. 그러나 이 낙원의 유효 기간은 열 달. 그곳에서 떨어져 나오는 순간 인간은 낙원을 잃는다. 태어나는 순간, 울지 않으면 모든 요구와 필요를 얻을 수 없는 이 세상에서 인간은 분리되고 소외되며 불행해지는 것이다.
　그래서 인간은 끊임없이 낙원으로의 복귀를 꿈꾼다. 사랑, 우정, 의리, 신념, 사상 등 사람이 추구하는 이러저러한 가치는 우리가 추구하는 낙원(자궁을 대신하는 합일 상태의 다른 이름)인 것이다. 합일 상태를 향한 이 시도에 우리는 더러 성공하고 더러 실패한다. 실패는 상처로 남고 성공은 자존감으로 남아 우리는 상처를 보듬고 자존을 다듬어 다시 새로운 합일을 시도한다. 그것이 우리네 삶이다.

그러나 어떤 이는, 다듬을 자존이 남김없이 부서져 상처의 깊은 고통 속에서 제 안의 분노를 어쩌지 못해 괴로워한다. 그렇게 합일 상태를 이루려는 모든 시도가 실패하여 절대적인 분리 상태에 이를 때 광기가 발생하는 것이다. 광기에 휩싸인 그들에게는 어떠한 합일도 불가능하며 어떠한 분리도 가능하다. 그들을 마주했을 때 인간이 공포를 느끼는 이유는 이 때문이다. 광기에 찬 그들은 다른 인간을 삶으로부터 잘라 내며 죽음으로 분리시키는 데에 주저함이 없기 때문이다.

조커의 이야기를 대입해 본다. 오우 이런, 꼭 들어맞는다. 그랬구나. 엄마와 아빠로부터 처참하게 분리된 한 소년. 청년으로 자라 사랑하는 여인과 새로운 합일을 시도했으나 그마저도 완전히 실패한 이 남자. 그에게는 입가의 상처만이 합일 시도에 대한 절대적인 실패의 증거로 남았다.

세상으로부터, 사랑하는 이들로부터 분리되는 지독한 고통 속에서 그는 깊이 고뇌했다. 대체 세상은 왜 이리 불공평한 것일까? 그 고통스런 고뇌 끝에 그는 결론을 내렸다.

'인간들을 서로 완전하게 분리되도록 하자.'

그가 다른 어떤 무기보다 칼에 애착을 느끼며 수십 개의 칼을 몸에 지니고 다니는 이유 또한 이 때문이다. 그는 인간을 관계로부터, 삶으로부터 잘라 내는 존재가 되고 싶었던 것이다. 자신에게 고통의 증거였던 입가의 흉터를 오히려 자신의 상징으로 삼아 조커는 자신이 겪은 고통을 세상에 퍼뜨리려 했던 것이다.

그래도 여전히 남는 질문.

대체 조커는 왜 그렇게 배트맨에 집착하는가? 왜 조커는 배트맨이 자신을 완성했으며, 자신을 불러냈으며, 자신과 닮았다고 하는가?

닮았다고? 그럼 배트맨도 끌어와 볼까 했더니, 오우 이런, 배트맨도 꼭 들어맞는다. 그랬구나. 그도 아팠구나. 고담시 최대 기업의 총수이면서도 밤마다 배트맨으로 참 피곤하게 사는 브루스 웨인이 이 고단한 삶을 택하게 된 데에는 조커만큼이나 참혹한 분리의 상처가 있었으니, 그것은 어릴 적에 우물에 추락한 것과 부모님의 죽음이다.

놀란 감독의 배트맨 시리즈 1편 〈배트맨 비긴스〉의 이야기. 어린 시절 술래잡기를 하다 저택의 오래된 우물로 추락한 소년 웨인은 그곳에서 박쥐들의 공격을 받는다. 다행히 소년은 구출되었으나 이 무서운 분리 경험 때문에 소년은 박쥐가 나타나는 악몽에 시달린다. 그 공포에서 소년을 구한 것은 지혜롭고 따뜻한 부모님의 보살핌이었다. 그러던 어느 날, 부모님과 함께 오페라 공연에 갔던 소년은 박쥐가 등장하는 장면에 공포를 느껴 부모님을 이끌고 극장을 나온다. 그러다 극장 뒷골목에서 권총 강도에 의해 부모님이 살해되면서 소년은 더 참혹하고 무서운 분리에 빠진다. 자신의 공포가 부모를 죽게 했다는 죄책감이 더 큰 공포와 분리감을 불러온 것이다. 더욱이 그 권총 강도가 범죄 조직의 비밀을 증언하는 대가로 감형을 받게 되자 그는 세상으로부터 완전하게 분리되는 지독한 고통 속에 깊이 신음

한다. 그의 고뇌는 이 세상에 대한 근본적인 질문에 닿았다.

'대체 세상은 왜 이리 불공평한 것일까?'

안락했던 삶을 버리고 세계를 떠돌며 그 질문에 대한 답을 찾기 위해 고행을 거듭하던 브루스 웨인은 비밀 무사 조직에 들어간다. 그리고 그곳에서 오랜 정신적·육체적 수련 끝에 자신의 고뇌에 대한 결론을 내린다.

'범죄자들을 이 세상으로부터 분리되도록 하자.'

그는 범죄자들이 범죄를 저지른 만큼 처벌을 받게 하고 싶었다. 그 엄정한 집행이 죄를 저지른 자들에게, 죄를 저지르려는 자들에게 공포를 주기를 바랐다. 그래서 브루스 웨인은 자신에게 공포 그 자체였던 '박쥐'를 오히려 자신의 상징으로 삼아 자신이 겪은 공포를 범죄자들에게 퍼뜨리려 했던 것이다. 이것이 브루스 웨인이 배트맨을 선택한 이유이다. 학생들이 묻는다.

"아니 이게 대체 조커가 배트맨에 집착하는 것하고 무슨 상관이냐고요?"

세상과 분리되는 상처 속에 깊이 신음하던 한 범죄자가 있었다. 그는 세상이 자기에게서 떨어져 나간 자리로부터 미칠 듯이 터져 나오는 광기를 어떻게 쏟아 내야 할지 갈피를 잡지 못하고 있었다. 그러다 그는 배트맨을 보았다. 분명히 인간이면서 인간 이상의 존재가 되어 죄를 짓는 인간에게 공포의 상징으로 떠오른 배트맨. 그를 보며 조커는 인간이면서 인간 이하의 존재가 되어 죄가 없다는 인간에게 공포의 상징이 되자고 했던 것이다. 그러니까 조커에게 배트맨은 아이돌(idol, 우상)이었다. 배트맨이 있었기에 뒷골목의 한 평범한 범죄자는 비범한 범죄자 조커가 될 수 있었던 것이다.

"넌 나를 완전하게 만들어."

조커가 배트맨에게 이 대사를 던질 수 있었던 것은 이 때문이다. 조커는 배트맨을 따라 자신을 완성했다. 배트맨과 조커는 모두 인간이면서 인간이 아닌 존재가 되어 자신의 메시지를 전하고 싶어 했다. 어떻게 이들은 이렇게 다르면서도 이렇게 같을 수 있었을까? 그것은 결론이 달랐을 뿐, 이들이 고뇌했던 질문은 같았기 때문이다.

'세상은 왜 이리 불공평한 것일까?'

#3_ 조커 vs 배트맨 – 공평함이란?

조커에게 세상에 공평한 것은 오직 '혼돈'이다. 조커가 자신을 세상에 공평함을 가져올 '혼돈의 사도'라 부른 것은 이 때문이다. 영화 속 음산한 배경음과 함께 조커의 대사를 되뇌며 학생들에게 묻는다.

조커에게 '혼돈'이란 무엇인가?

영화의 앞부분(조커가 은행 강도를 하면서 자신의 동료들이 서로를 쏘아 죽이게 하는 장면)부터 영화의 뒷부분(범죄자와 시민을 각각 태운 두 척의 배에 서로를 폭파시킬 수 있는 리모컨을 주고 서로를 죽이면 살려 주겠다고 제안을 하는 장면)까지 조커가 기획하는 범죄는 이상하리만치 고정적인 패턴이 있다. 그것은 무엇이며 왜 그러한가? 조커가 원하는 혼돈이란 대체 무엇일까?

조커에게 '혼돈'이란 오로지 인간의 이기심만으로 운영되는 세상을 말한다. 조커에게 법이나 윤리, 도덕으로 이루어진 '공평함'은 모두 거짓이고 위선이며 권력자들의 속임수이다. 또한 부모·형제·친구·동료·연인이라는 관계, 그들이 말하는 사랑이나 우정, 우애나 신뢰 따위들 역시 모두 거짓이다. 조커에게 인간은, 자신의 생존과 이익만을 추구하면서 거짓을 늘어놓는 이기적인 동물인 것이다. 그 이기적인 동물의 정상에 권력자들이 있다. 그들은 전혀 공평하지 않은 세상을 만들어 놓고 세상이 공평하다며 사람들을 속이고는 자기들의 이익을 독점하고 있다. 그들이야말로 세상의 공평함을 망가뜨리는 가장 큰 범죄자인 것이다. 그 위선적인 권력자들에는 '배트맨'도 포함된다.

이에 비해 배트맨이 믿는 공평함이란 '사법 질서'이다. 법의 공정한 집행이 이루어진다면 고담시는 공평한 세상이 될 수 있다는 것이 그의 신념이다. 문제는 사법 질서를 집행하는 공권력이 부패했다는 것. 불법적인 폭력으로라도 그 무너진 고리를 떠받쳐 사법 질서의 순환을 이루겠다는 것이 브루스 웨인의 목표이다. 그가 사설 감옥이든 사적인 처형이든 직접 범죄자들을 단죄할 수 있는 능력이 충분함에도 불구하고, 굳이 그들을 경찰서에 배달해 법원의 판결을 받도록 하는 것은 이 때문이다. 그러기 위해서는 먼저 아무도 죽지 않아야 했다. 법이란 결국 살아 있는 자들의 것이기 때문이다. 아무도 죽지 않는 것, 그래서 모두가 법질서 안에서 공평하게 살아가는 것. 이 거대한 대의를 위해 브루스 웨인이 설정한 자신의 임무는 '구조'와 '배달'이었던 것이다. 아무리 흉악한 범죄자라도 죽지 않게 해야 한다는 '구조'라는 명분은 배트맨이 자신의 활동을 정당화하는 중요한 명분이기도 했다.

조커는 이것을 알고 있었다.

"나를 죽여 봐. 나를 죽여 보라고!"

소형 미사일과 기관총으로 중무장한 배트 바이크를 타고 자신에게 돌진하는 배트맨을 보고도 조커가 피하지 않고 자신 있게 이 대사를 외칠 수 있었던 것은 이 때문이다.

그러나 조커가 꿰뚫어본 배트맨의 더 근본적인 모순은 그의 활약이 더해 갈수록 그가 지키려던 공평함이 '그로 인해' 무너져 간다는 것이었다. 고담시의 어느 누구도 그에게 범죄 혐의자를 구타, 폭행, 협박, 납치할 권리를 주지 않았다. 대다수의 시민이 묵묵히 지켜 가고 있는 사법 질서의 의무를 배트맨만은 혼자 깡그리 무시해도 된다는 허락을 어느 누구도 공식적으로 하지 않았다. '사법 질서'라는 세상의 공평함을 지키기 위한 배트맨의 활약이 더해 갈수록, 민주 사회가 이루어 놓은 공평함의 절차와 합의와 법률도 함께 무너져 가고 있는 것이다.

"그래도 범죄율이 낮아졌잖아요. 그러면 된 거 아닌가요? 그게 훨씬 효율적이잖아요!"

배트맨을 아끼는 마음에 분이 넘친 학생이 이렇게 말한다. 많은 학생이 그 말에 공감하는 표정이다. 그러나 다시, 저 배꼽 밑에서부터 끓어오르는 영웅 배트맨에 대한 선망을 잠시 누르고 함께 생각해 보자.

브루스 웨인은 정말 '공평함'을 원하고 있을까? 브루스 웨인은 정말 '공평함'을 이루고 있는가? 그리고 '공평함'이란 정말 그와 같이 해야 이루어지는 것인가?

이 질문을 해결하기 위해 영화의 한 장면으로 다시 돌아간다. 배트맨이 지지하는 고담시의 정의로운 검사 하비 덴트와 배트맨이 사랑하는 여인 레이첼. 조커가 그 둘을 납치하여 서로 멀리 떨어진 곳에 폭탄과 함께 두었던 장면이다.

자신이 사랑하는 이들이 납치된 것에 분노한 배트맨은 조커를 무자비하게 폭행하며 심문한다. 뭐 그 정도쯤이야. 어쨌든 액션 영화 아닌가. 그런데 문제는 다음이다. 조커가 물리적으로는 도저히 한 사람을 구하기에도 모자란 시간에 두 사람이 잡혀 있는 주소를 알려주었을 때 배트맨이 달려간 곳은 어디였는가?

배트맨은 자신의 신념과는 달리, 하비 덴트를 구하러 가지 않았다. 이해한다. 그도 사람 아닌가. 그와 함께 인정할 수밖에 없는 것은 배트맨이 그토록 지키려 했던 사회 정의가 그의 개인적 사랑 앞에 버려졌다는 것이다. 그 모든 교통 신호를 무시하고, 유리창과 자동차를 우당탕탕 푸슝푸슝 부숴 버리고 그는 죽을 위기에 놓여 있는 자신의 연인 레이첼에게 달려간다. 그러나 배트맨이 도착한 곳에 레이첼은 없었다. 그곳에는 검사 하비 덴트가 있었다. 그리고 얼마 후, 폭탄이 터졌다. 검사 하비 덴트는 살았으나 연인 레이첼은 죽었다.

배트맨이 자신의 신념대로 처음부터 검사 하비 덴트를 구하러 달려갔다면 그곳에는 그의 연인 레이첼이 있었을 것이다. 그렇다면 이 영화는 정의를 위해 장렬하게 죽은 검사 하비 덴트와 급박한 위기에서 연인을 구한 배트맨 이야기로, 그러니까 배트맨의 완전한 승리로 끝났을 것이다. 그러나 배트맨은 그러지 않았고, 그러므로 조커가 이겼다. 아니, 조커가 옳았다. 그의 통찰대로, 배트맨 또한 늙고 병들고 편들며 피곤한 '인간'이었던 것이다.

조커가 배트맨에게 두 사람의 주소를 바꾸어 이야기한 것은 이 때문이었다. 조커에게 배트맨이란, 정의라는 명분으로 세상을 제 맘껏 유린하는 또 하나의 강력하고 이기적인 인간, 즉 또 한 명의 조커였을 뿐이었다. 배트맨에게 고담시에서 함께 재밌게 놀아 보자고 했던 조커의 제안은 그래서 가능했던 것이다. 인간의 이기심을 증명하기 위해, 배트맨의 이기심을 증명하기 위해 조커가 만든 이 첫 번째 싸움에서 배트맨은 완전히 졌다. 그러나 싸움은 아직 끝나지 않았다.

당연히 이기적으로 행동하리라 예상했던 유람선의 시민들과 범죄자들이 서로를 죽이는 버튼을 누르지 않음으로써 조커의 두 번째 계획은 실패한다. 조커는 범죄자와 시민을 각각 태운 두 척의 배에 서로를 폭파시킬 수 있는 리모컨을 주고 서로를 죽이면 살려 주겠다고 제안했으나, 결국 그들은 모두 버튼을 누르지 않았던 것이다.

조커를 거꾸로 매달고 그의 완전한 패배를 선언하는 배트맨. 그러나 기괴한 웃음 속에서 조커는 이 싸움이 아직 끝나지 않았음을, 자신에게 진짜 비장의 카드가 있음을 밝힌다. 누구보다 사법 질서를 강력하게 추구했기에 누구보다 사법 질서의 타락을 극명하게 보여 줄 사람, 사법 질서에 대한 사람들의 믿음을 부숴 버리고 조커가 바라는 혼돈의 세계를 앞당길 사람. 그는 검사 하비 덴트였다.

하비 덴트는 배트맨의 구조로 목숨은 구했으나 구조 중 당한 화상으로 얼굴의 반을 잃었다. 그러나 무엇보다 그를 괴롭게 한 것은 신념을 잃은 것이었다. 함께 정의를 추구하자던 검찰과 경찰의 동료들이 그의 믿음을 배신했던 것이다. 그가 깊이 신뢰했던 배트맨도 그의 믿음을 배신했다. 배트맨은 하비 덴트를 구하려 하지도 않았고, 레이첼을 구하지도 못했다. 그것이 그를 절망하게 했다. 믿고 사랑했던 모든 이들로부터 완전하게 분리된 하비 덴트. 그는 몸부림치며 깊이 절규했다. '대체 왜 나만 모든 것을 잃었는가? 세상은 왜 이리 불공평한 것인가?' 병원을 찾아온 조커의 도발로 더 고통스럽던 고뇌의 끝에서 그는 마침내 결론을 내린다.

'동전의 확률만이 공평하다.'

미칠 듯한 광기로 터져 버린 그는 '50 : 50'이라는 동전의 확률로 범죄자를 직접 단죄하는 '투 페이스(Two Face)'가 되어 버렸다. 한밤의 도시를 구하려 했던 다크 나이트(Dark Knight) 배트맨을 대신하여 한낮의 도시까지도 구하려 했던 백색의 검사(White Knight) 하비 덴트는 이제 없는 것이다.

그러나 배트맨의 사법과 조커의 혼돈과 하비 덴트의 동전 중에 우리가 바라는 '공평함'은 있는가?

〈다크 나이트〉는 이 포스터에서 이미 영화 속의 질문들을 간결하게 보여 준다. 배트맨의 모순을 폭로하려는 조커, 조커를 폭력으로 단죄하려는 배트맨, 그리고 그들 사이에서 배트맨식 정의의 승리와 한계를 보여 주는 하비 덴트.

#4_ 배트맨이여, 가면을 벗자

기진맥진, 다시군도 어찌해 보지 못하는 끝판왕들을 소환해 공격이랍시고 던져 본 질문들 덕분에 밀려오는 이 급격한 피로감. 고만고만한 체력으로 여기까지 이야기를 밀고 온 것만 해도 대견하다고 자찬하는 다시군이다. 그러나 제 몸 하나 건사하기도 힘겨운 사람을 앞에 두고 여기까지 함께 와 준 학생들이 훨씬 더 고맙고 대견하다.

이 힘든 길을 왔으니 그냥 갈 수 있나. 얘들아, 펜 들어라, 인증샷 한번 찍자. 이제 우리 글 써야지.

학생들에게 제시하는 글쓰기 주제는 다음과 같다.

1. 불법적인 폭력과 폭력적인 준법 중에서 어느 것이 보다 중요한 가치인지에 대한 배트맨의 입장을 서술하고, 그에 대한 자신의 의견을 밝히되 다음의 조건을 따르시오.
   ① 배트맨의 활동에 대한 찬성 혹은 반대의 입장을 서술하시오.
   ② 자신이 생각하는 '공평함'의 기준을 제시하고 그 이유를 서술하시오.
   ③ 역사적 인물을 근거로 서술하시오.

2. 영화 〈다크 나이트〉를 통해 '공평함'에 대하여 논하되, 다음의 조건을 따라 서술하시오.
   ① '범죄자 소탕을 위한 불법적인 폭력'에 대한 찬반 의견을 서술하시오.
   ② 등장인물 중에서 고담시의 '공평함'을 회복하기 위해 필요한 인물 3명을 정하고 그 이유를 서술하시오.

③ 영화 속의 구체적인 장면을 근거로 활용하시오.

> 등장인물 배트맨, 알프레드, 폭스, 리스, 레이첼, 하비 덴트, 서실로, 가르시아, 고든, 라미레즈, 늙은 형사, 마로니, 라우, 조커, 상류층 사람들, 배트맨 추종자들, 버튼을 누르지 않은 시민, 투표를 주선한 군인, 배에 탄 시민, 배에 탄 범죄자들, 버튼을 넘긴 경찰 관리, 버튼을 누르지 않은 범죄자, 조커의 동영상을 공개한 방송 PD 등

두 개의 주제 중 하나를 선택하여 쓰게 한다. 몇 번의 질문이 있지만 대부분의 학생들이 잘 쓴다.

그러나 1번 주제에서 역사적 인물을 근거로 삼으라는 것을 많이 어려워한다. 하지만 멀리서 찾을 것 없다. 아마도 배트맨의 능력을 가장 간절히 바라셨을 백범 김구 선생님과 배트맨의 근육과 기계들을 통째로 내어준다 해도 말없이 돌아서 물레에 쫄바지를 걸으실 듯한 간디 선생님. 두 분 중에 '공평함'에 보다 가까운 분은 누구인가 하는 질문만으로도 충분하다. 어느 분을 선택하든 학생들의 '공평함'에 대한 열망과 사색에 위대한 조언자가 되어 주실 것이다.

2번 주제에서 영화 속 인물 중에 '공평함'을 회복하기 위해 필요한 인물을 고르는 것은 쉽게 하지만 그 근거를 찾는 것은 어려워했다. 차근차근 영화 속의 구체적인 장면을 떠올리도록 이야기를 나누었다. 주장을 반복하는 것은 논리가 아니다. 주장에 명확한 근거를 대

는 것이 논리이다. 꼼꼼하게 관찰하고 명확하게 추론하기를 바랐다. 학생들의 얼굴에 진지한 고민이 어린다.

조커는 모든 인간을 완벽하게 개인으로 분리시켜 모든 인간을 자연의 한 개체로 돌려놓기를 바랐다. 인간의 힘으로 어찌할 수 없는 타고난 차이 외에는 어떠한 인간의 인위적인 조작도 허락하지 않는 상태. 모든 차이를 배제한 그의 세계는 공평하다. 하비 덴트도 결과적으로 모든 인간을 개인으로 분리시켰다. '50 : 50'이라는 동전의 확률 외에는 어떠한 차이도 인정하지 않았기 때문이다. 배신한 여형사가 어머니의 병원비로 고통스러웠다는 것도, 배트맨과 경찰서장 고든이 그와 함께 범죄자들에 맞서 싸웠다는 것도, 마피아 보스 마로니와 그의 자가용 운전기사의 목숨 사이에도 아무런 차이가 없었다. 그에게는 오직 동전의 확률만이 공평할 뿐. 그의 세계 역시, 공평하다. 배트맨은 어떠한가? 그의 뛰어난 능력은 지위와 권력과 재력에 상관없이 모든 인간에게 공평하게 적용된다. 그의 관심을 받을 만큼 큰 죄를 저지르고도 법에 의해 처벌을 받지 않는 인간은 없을 것이다. 그러므로 그 역시 공평하다. 이들은 모든 인간을 '개인'으로 분리시키고 모든 '차이'를 지워 버렸기 때문이다.

그러나 그들은 또한, 공평하지 않다. 조커는 혼돈의 세계에서도 강력한 인간으로 살아갈 수 있는 힘을 가진 자이며, 하비 덴트는 동전을 던지는 모든 결정을 자신의 총으로 강제하고 집행하는 자이다. 배트맨 또한 자신의 강력한 지위와 권력과 재력을 이용하여 모든 활동을 기획하고 실행했다. 그들은 모두 다른 사람을 압도하는 강력한 힘을 이미 가지고 있으며 그것을 이용하고 있는 것이다. 그러니까 그들은, 모든 인간을 '개인'으로 분리시키고 모든 '차이'를 지웠으나, 자신의 '차이'만큼은 강력하게 유지하고 있는 것이다.

더욱이 그들은 누구에게도 자신의 활동을 허락받지 않았다. 고담 시의 모든 시민을 대상으로 하면서도 그들의 '공평함'을 집행하기 위한 어떠한 동의도 얻지 않았다. 상대방의 동의 없이 상대보다 우월한 힘을 사용하여 일방적으로 상대를 억압하거나 위협하고, 다치게 하며, 목숨도 잃게 하는 것을 우리는 '폭력'이라 한다. 그러므로 조커도, 하비 덴트도, 그리고 배트맨도 모두 '폭력'을 사용하고 있는 것이다. 이들이 진정으로 공평한 세상을 바란다면 자신의 폭력만큼 상대의 폭력도 허용해야만 할 것이다. 결국 그들이 바라는 공평한 세상이란 약육강식의 무참한 폭력이 지배하는 정글인 것이다.

그러므로 우리가 공평함 이전에 함께 고민해야 할 것은 이것이다.

우리가 바라는 세상은 어떠한 모습인가?

그 세상의 모습이야 저마다 다를 것이다. 그것을 합의하기는 정말이지 불가능할 것이다. 그러나 그 세상의 최소한의 모습은 우리가 합의할 수 있지 않을까? 모든 인간을 개인으로 존중하고 차이를 인정하며 동의를 통해 폭력을 제거해 나가는 것. 그리하여 우리가 저마다 누리고 싶어 하는 '최소한의 행복'을 누릴 수 있도록 서로 돕는 것. 우리가 알지만 실천하지 않은 것들 말이다. 일단은 이것에서부터 우리의 논의를 시작할 수 있지 않을까.

그렇게 수업을 마치려고 하는데 무거운 눈빛의 한 학생이 묻는다.

"그럼 배트맨은, 아니 브루스 웨인이라는 사람은 어떻게 해야 하나요? 불법과 탈법으로 불의한 세상에 정의를 바라는 사람은 어떻게 살아야 하나요?"

잠시 침묵. 학생들에게 물었으나 다시군도 아직 결론을 찾지 못한, 그래서 다시군을 마지막까지 무겁게 끌어내린 질문이었다. 수업을 진행하면서, 과연 내가 뱉어도 되는 말일까 부끄럽고 무서워서 하지 못한 대답이었다. 여전히 두렵고 무겁다. 그러나 일단 용기를 내야겠지.

배트맨이여, 가면을 벗자. 당신의 원칙을 당신 자신에게 고스란히 적용하는 것으로 당신의 정의를 완성하자. 그리하여 정말 영웅같이, 시민으로 돌아가자. 돌아가서, 정의를 열망하는 또 다른 시민들을 찾아내자. 그리하여 마침내, 연대하자.

그런 날이 온다면, 그래서 당신이 연대의 의미로 검정색 쫄쫄이 바지 행진을 우리에게 제안한다면, 내 아무리 초울트라수퍼트리플 A형이라 해도 기꺼이 당신에게 달려갈 것이다. 그날이야말로 진정한 우리의 영웅을 만나는 날이니 말이다.

Peppermint Candy

박하사탕은
녹여 먹어야 제맛?

박하사탕

이창동 감독의 〈박하사탕〉(1999)은 순수했으나 추악해진 한 남자의 삶을 거꾸로 되짚어 보여 주는 영화이다. 배신과 불안과 분노에 싸여, 달려오는 기차를 마주하고 "나 다시 돌아갈래."를 외치며 삶을 끝낸 주인공 영호가 왜 그렇게 파멸하게 되었는지 영화는 하나씩 따져 보여 준다. 그 근원에는 5·18 민주화 운동이 있었다.

불의의 국가의 명령에 진압군으로 광주에 투입된 영호는 한 소녀의 죽음을 마주하게 된다. 이 죽음으로 그의 순수가 부서진 후, 그는 내내 폭력에 떠밀려 폭력 속에서 살아간다. 이 영화를 통해 폭력에 대해, 순수에 대해, 그리고 폭력에서 벗어나 순수에 이르기 위한 방법에 대해 살펴보자.

#1_ 상황, 소품, 이름, 그리고 노래

〈박하사탕〉은 "나 다시 돌아갈래."라는 대사로 유명한 영화이다. 주인공 영호가 철길 위에서 달려오는 기차를 마주하고 온몸으로 뿜어낸 이 대사는 도저히 돌이킬 수 없이 부서져 버린 자신의 삶에 대한 비탄과 절규가 서린 것이다. 영호의 삶을 보여 주는 일곱 개의 이야기를 따라가며 우리가 찾아야 할 것은 '대체 이 사내의 삶은 왜 그렇게 산산이 부서져 버렸는가?' 하는 것이다. 정말 왜 그럴까? 그는 왜 그렇게 고통스러웠던 걸까? 그리고 우리는 그 고통에 공감할 수 있을까?

〈박하사탕〉을 본 후 A4 한 쪽으로 정리되었으나 곳곳이 빈칸으로 남아 있는 줄거리 학습지를 나누어 주었다. 영화를 먼저 보고 주요 장면에서 멈춰 대사와 상황을 정리하고 다시 보기를 반복하여 만든 학습지이다. 수업에 담임에 행정 업무에 안 그래도 해야 할 일이 산더미 같은 교사에게 줄거리 학습지를 만드는 일이 결코 만만한 작업은 아니다. 하지만 이 줄거리 학습지를 만들면 두 가지 좋은 점이 있다. 학생들이 스치고 지나갔던 영상들을 글로써 다시 떠올릴 수 있다는 것과 교사가 영화 속의 질문과 대답을 먼저 꼼꼼하게 헤아려 볼 수 있다는 것. 특히 섬세하고 꼼꼼하게 이야기를 포개 놓은 영화일수록, 섬세하고 꼼꼼하게 이야기를 읽어 내는 힘이 부족한 학생들일수록 이 학습지는 필요하다. 학생과 교사가 서로 어긋난 기억으로 헤매는 시간을 줄이고 섬세하게 이야기를 따라가는 데에 대단히 쓸모가 있기 때문이다.

줄거리 학습지를 모둠별로 나누어 주어 완성하게 한 후에 사탕을 걸고 간단하게 모둠 대항 퀴즈 대회를 한다. 무거운 영화에 내내 무거워하다, 끝내 무거워지는 눈꺼풀을 견디지 못하는 학생들을 위해 마련한 이벤트인 셈이다. "나 다시 돌아갈래."를 외치듯 제 눈을 돌아가게 하고 마는 이 무서운 졸음의 역습에서 저들의 활기를 돌아오게 하는 것은 수업의 성패를 가르는 중요한 지점이다. 그리고 학생들의 활기를 돌아오게 하는 데에 간식을 상품으로 건 퀴즈 대회만큼 좋은 것도 없다.

영화에 등장하는 다양한 상황, 소품, 이름 등 소재를 바탕으로 퀴즈 대회를 진행한다. 〈박하사탕〉 퀴즈의 예는 다음과 같다.

- 영화의 시작과 마지막에 영호가 부른 노래는 무엇인가?
- 영호와 순임이 만나게 된 가리봉 공장 지대 청년모임의 이름은 무엇인가?
- 비닐하우스에 숨어 살던 영호가 비 오는 날 목마름을 달래기 위해 마셨던 생수의 상표는 무엇인가?
- 영호와 하룻밤을 보낸 카페 여인을 상징하는 영화 속 소품은 무엇인가?
- 순임이가 영호를 찾아 달라는 부탁을 한 사람은 누구인가?
- 순임이가 영호에게 주려던 것은 무엇인가?

물론 다시군과 함께하는 학생들은, 내내 무겁게 이어지는 이 영화를 섬세하게 살피며 그 안에 흐르는 고통에 깊이 공감하는 풍부한 감수성과는 거리가 아주 멀어서 오로지 100원짜리 사탕 하나에 대한 열정으로 참여한다. 그러나 먹을 것은 수업의 열기를 돋우기 위

노래하는 영호 뒤로 철길이 보인다. 영호는 〈나 어떡해〉를 부르고 나서 저 철길 위에서 "나 다시 돌아
갈래."를 외치게 된다.

한 소품일 뿐, 중요한 것은 이 시간을 통해 학생들이 영화의 소재와
장면을 다시 떠올리게 하는 것이다. 이 시간이 흥겹게 잘 진행되면
이 퀴즈의 대답과 오답과 해설만으로도 수업은 충분히 재미있고 의
미 있다.

　예를 들면, 이 영화에 등장하는 대중가요를 묻는 퀴즈가 그러하
다. 20년 만에 만난 가리봉 공장 지대 청년모임 '봉우회'에서 영호가
울부짖으며 불렀던 노래이자, 20년 전 '봉우회' 친구들과 통기타를
치며 영호가 함께 불렀던 노래는? 〈나 어떡해〉. 난데없이 등장해 핏
덩어리 같은 감정을 토해 내는 영호를 뒤로하고 흥청대는 분위기가
깨질세라 '봉우회' 친구들이 더 집요하게 부르던 노래는? 〈닐니리 맘
보〉. 자신은 이미 사무실 미스 리와 불륜의 관계이면서 아내가 바람
이 났다고 의심하던 영호는 〈사랑의 배신자〉를 흥얼거렸고, 능란한
고문 경찰이 된 영호는 회식 자리에서 〈내일 또 내일〉을 걸쭉하게
뽑아낸다.

20년 전에도, 20년이 지난 오늘에도, 어떻게 살아야 할지 자신을 어쩌지 못해 괴로운 사람들 - 〈나 어떡해〉. 그런 친구와 이웃의 괴로움이 옮아올까 더 집요하게 흥청대는 사람들 - 〈닐니리 맘보〉. 자신의 배신에 눈감고 타인의 배신에 맹렬히 분노하는 사람들과 폭력을 받아들이기 위해 폭력에 더 익숙해지려 했던 사람들 - 〈사랑의 배신자〉와 〈내일 또 내일〉.

영화 곳곳에 등장했던 이 노래들은 그 자체로 인물의 상황과 마음을 전하는 감독의 내레이션이라 할 수 있다. 그리고 퀴즈에 실어 보내는 이런 해설들이 그 자체로 학생들이 영화를 이해하는 징검다리가 되어 준다.

하지만 긴박한 속도감의 퀴즈보다 더 오랜 침묵과 고민과 대화로 이어 가야 할 질문도 있다. 모둠별로 토의와 토론을 거치며 보다 섬세하게 살펴봐야 할 주제들이다. 〈박하사탕〉에서 그러한 질문의 주제어는 '기차', '박하사탕', 그리고 '개'이다.

#2_ '기차'의 의미

먼저 기차에 대한 이야기이다. 이 영화를 본 학생들이면 누구나 자연스레 묻는 질문이 있다. 그 호기심 어린 눈빛을 모아 질문을 하나 먼저 던진다.

영호의 인생을 거슬러 일곱 개의 이야기를 보여 주는 이 영화가 이야기를 건널 때마다 보여 주는 장면은 기차의 맨 뒷칸에서 바라보는 따뜻한 봄날의 풍경이다. 그런데 뭔가 이상하다. 꽃은 날아올라 나무에 얹히고 아이들은 여유 있게 뒤로 뛰며 자동차들은 과감하게 역주행을 한다. 이게 대체 어떻게 된 일일까?

'에이, 그 정도야.' 하는 표정으로 학생 몇 명이 답을 말한다. (물론 사탕은 필수이다.)

"이 장면은 필름을 거꾸로 붙인 거죠."

"맞다, 훌륭하구나. 그렇다면 질문 하나 더, 왜 그렇게 했을까?"

손이 빠른 학생들이 그거야 간단한 거 아닌가 싶은 표정으로 답한다. (역시 사탕은 필수이다.)

"감독은 거꾸로 가는 기차, 시간을 거슬러 뒤로 가는 기차를 통해 영화가 과거로 가고 있다는 것을 보여 주는 것이지요."

"오, 훌륭하구나. 멋지다. 그러나 아직 끝나지 않았다. (아직 사탕도 남았다.) 기차는 그 부분에만 등장하는 것이 아니다. 영화 속 이야기의 곳곳에서 기차는 등장하고 기차가 등장하는 장면에는 공통점이 있다. 그 장면은 무엇인가? 그리고 대체 기차가 의미하는 것은 무엇인가?"

갑자기 학생들의 얼굴에 절망의 표정이 어린다. 이럴 때면 모둠 토론으로 전환을 명한다. 어렵고 힘든 일을 만나면 동료를 만나 함께 해결하는 것이 당연히 필요하니까.

영호가 "나 다시 돌아갈래."를 외치며 돌아설 때, 권총으로 자살을 하려다 차를 몰고 나갈 때, 순임의 사진기를 헐값에 판 돈으로 빵과 우유를 사 먹다 울부짖으며 필름을 부숴 버릴 때, 그의 곁을 지나간 것은 모두 기차였다. 그러나 기차의 의미를 찾기 위해 가장 가운데 놓아야 할 장면은 따로 있다. 학생들의 발표 속에서 용케 그 장면이 나타난다면 더할 나위 없지만, 학생들이 아직 찾지 못했다면 다음의 질문을 던진다.

이 영화에서 내내 달리던 기차가 멈춰 있는 유일한 장면은 무엇인가?

그것은 '1980년 오월' 에피소드의 한 장면이다.

영화의 곳곳에서 내내 달리던 기차가 멈춰 버린 한 순간, 1980년 오월. '봄', '가을'로만 쓰여 있던 이야기의 제목들에 유일하게 '오월'이라 적힌 그 때. 흐릿한 앵글 너머로 멈춰 버린 기차의 팻말은 '서울-광주'의 행선지를 나타내고, 그 기차 사이로 불의한 국가의 명령에 살인을 강제당한 한 남자가 있었다.

이등병으로 군 복무를 하던 중 광주에 투입된 영호는 전쟁터와 다름없는 도시에서 공포와 혼란과 숨 막히는 긴장 속에 정신없이 뛰어가다 기차 사이에 주저앉는다. 발이 찌꺽찌꺽 해서 더 이상 달릴 수 없다며 울먹이는 영호에게 호통 치는 선임병. 그러나 끈을 풀어 들어 올린 영호의 군화에서는 피가 쏟아져 나온다. 영호가 다리에 총상을 입은 것이다. (영호가 다리를 절뚝이는 장면이 이전에, 아니 이후에 세 번 더 나오는데 그것은 이 상처로 말미암은 것이다. 군 제대 후 연락을 끊고 갑자기 경찰이 되어 버린 영호가 찾아온 순임을 모욕적으로 잘라 내며 돌아서던 때, 도망치던 지명 수배 대학생에게 밀려 넘겨졌던 영호가 멍청한 표정으로 일어서 걸어나올 때, 혼수상태에 빠져 있는 순임에게 박하사탕을 건네주고 병실에서 나오던 때 그는 절뚝거리고 절뚝거린다. 그러나 몸의 상처는 이미 치료된 지 오래, 내내 멀쩡하게 걷던 그가 다리를 절뚝이는 것은 다 나은 그의 상처에 옛 기억이 되살아났기 때문이다.) 그를 치료하기 위해 의무병을 찾아 나간 선임병을 보

오발로 죽인 소녀를 부여안고 울부짖는 영호

내고 더욱 극심해진 공포와 혼란과 숨 막히는 긴장 속에 남은 영호 앞으로 순임이었다가 순임이 아닌 한 소녀가 나타난다. 소녀였다가 순임으로 보이는 그 소녀가 무릎을 꿇고 공포에 질린 채 울먹이며 말한다. "살려 주세요." 군인들이 몰려들고 있었다. 소녀가, 순임이가 위험했다. 공포에 몸을 움직이지 못하는 그녀를 보내기 위해 소리치며 허공에 쏜 영호의 총탄. 그러나 무섭게도 그 총탄이, 그녀의 몸을 꿰뚫었다.

그로부터, 그는 부서졌다. 출동 명령으로 순임이 보내 준 박하사탕이 군홧발에 짓밟혔던 것과 비교할 수도 없이, 그는 완전하게 부서졌다. 순결한 소녀를 자신이 죽였다는 죄의식이 그를 완전히 부숴 버린 것이다. 더 참혹한 것은 그는 부서져야만 했다는 것이다. 그에게 이 상황을 돌이켜 자신의 소망을 따라 행복하게 사는 것은 죽은 소녀에게 다시 죄를 저지르는 일이었다.

이 죄의식에서 벗어나기 위해 영호가 택한 것은 이 폭력의 연쇄에

끝까지 참여하여 폭력에 취하는
것이었다. 군 제대 후 들꽃을 찍
는 사진사가 되고 싶다던 영호가
경찰에 지원한 것도, 끝내는 고
문 경찰에 나서게 된 것도, 은밀
하게 구한 총으로 자신을 이렇게
만든 놈 꼭 한 놈만 죽이겠다고
외치게 된 것도, 그리고 끝내 그
가 자신을 '달려오는 기차' 앞에
서게 한 것도 모두 이 때문이다.
죄의식이 자신을 찾지 못하게 폭
력에 자신을 실어 폭력 속에 묻
혀 사는 삶으로 그는 떠밀린 것
이다. 학생들이 묻는다.

근대 문명의 성격을 '기차'와 '영화'라는 발명
품을 통해 간결하고 날카롭게 진단한 사람은
벤야민이다. 그의 관찰과 분석을 쉽게 풀어낸
신혜경의 글이 또한 멋지다.

"아니 그래서 기차가 의미하는
것이 뭐냐고요?"

국가의 폭력. 기차는 오래전부터 근대 국가의 가장 세련된 상징이
었다. 기차만큼 근대 국가의 성격을 명확하게 보여 주는 기계도 없었
기 때문이다. 기차는 수없이 많은 이들의 협력으로 만들어 수없이 많
은 사람들을 태우고 달린다. 하지만 수없이 많은 길이 아닌 오로지
한 개의 기준, 한 개의 길로만 힘차게 달린다. 속도와 효율을 최고의
가치로 여기게 하며 차창을 통해 수없이 많은 관계를 '외부의 영상'으
로 여기도록 하지만, 이 거대한 기차에 오른 이상 누구도 기차를 멈
추게 할 수는 없다.

한 순결한 소녀를 죽이던 그날, 영호가 만난 것은 이 거대한 기차였다. 이미 존재했으나 그가 인식하지 못했던 그 거대한 기차를 그때 그는 만났고, 그 거대한 몸체와 엄청난 무게와 무서운 힘에게 부서진후 내내 그 기차에 떠밀려 살아왔던 것이다.

#3_ '순수'와 '순진'의 차이

숙연해진 분위기에 사탕 달라는 소리를 꿀꺽 삼키고 있는 학생들에게 박하사탕을 나누어 주면서, 다시군이 정말 꺼내고 싶었던 질문하나를 마침내 학생들에게 던진다.

영호 안에서 부서진 것은 무엇일까? 그에게 '박하사탕'이란 무엇인가?

"…… 순수요."
멀뚱한 표정으로, 뭐 그리 당연한 것을 물어보느냐는 표정으로 학생들이 툭 던진다. 잠시 골똘하던 학생들도 금방 끄덕이는 모습. 그래, 잘했다. 훌륭하구나. 그런데 한 번 더 묻자.

'순수'란 무엇인가? 더불어 '순진'이란 무엇인가?

같은 듯 다른 이 두 개의 낱말, 순수와 순진. 순수한 삶과 순진한삶은 어떻게 다른가? 순수라는 낱말 하나로 의기양양했던 학생들의눈빛이, 흔들린다. 그래, 대체 뭐지? 묻는다. 학생들도, 나도, 멈춘다. 서로를 본다. 팽팽하게 흐르는 몇 초. 약간의 웅성거림. 학생들의 기운을 모아 다음의 상황을 들려주고 다시 묻는다.

한 섬에 여행을 온 두 커플. 한 남자는 순수남이고, 한 남자는 순진남이다. 배는 이미 끊어지고, 하룻밤을 보낼 수밖에 없는 상황. 그런데 여러분이 상상하는 것과는 달리 놀랍게도 다음 날 이 커플들은 별일 없이 배에 올랐다. 음흉한 선장의 집요한 추궁으로 정말 그들에게는 어떠한 사건도 없었음을 알 수 있었다. 대체 어떻게 된 일일까?

"순진한 커플들! 몰라서 그런 거 아냐?"

나직이 음흉한(?) 웃음과 함께 말문을 트는 학생들이 있다면, 성공이다. 그래, 그렇다. 순진한 커플 사이에 아무 일도 없었던 것은 그들이 몰랐기 때문이다. 사랑하는 사람과 하룻밤을 보낸다는 것이 어떤 것인지, 얼마나 뿌듯하고 즐겁고 행복하며 가득할 수 있는 일인지, 그들은 모른다. 더러 욕망이 있다 해도, 넘어서지 않는다. 욕망보다 두려움이, 그들에게는 크기 때문이다. "엄마가 그러지 말랬어."처럼, 두려움의 벽 너머로 그들의 앎은 뻗어 나간 적이 없다. 그들은 자신의 욕망을 명확히 알지 못한다. 그것이 '순진'이다.

순수한 커플들. 그럼 그들에게는 왜 아무 일도 일어나지 않은 것일까? 그들도 모르는 것일까? 순수는 아는 것이다. 다 알기에, 제 삶으로 감당하는 것이다. 그들은 사랑하는 사람과 하룻밤을 보낸다는 것이, 몸과 몸으로 나누는 대화가 얼마나 가득한 행복일 수 있는지 알고 있다. 더불어 그들이 아는 것이란 '성'으로 맺는 관계가 서로에게 어떤 의미가 될지, 그 특별한 관계 이후로 서로의 사이가 어떻게 변할지 헤아리고 상상하며 배려하는 것이다. 그러니까 순수란 자

죽음 직전에 놓인 자신의 아내가 첫사랑을 찾는다. 그 마음을 고스란히 받아 주는 순임의 남편. 그는 순진한가 순수한가?

신과 맺은 모든 관계를 소중히 여기는 것이다. 관계를 소중히 여기는 일이란 서로의 삶을 존중하고 더불어 함께 살기를 바라는 '의지'라 할 수 있겠다.

영화에서 순임은 첫사랑 영호가 군대를 제대한 후 갑자기 소식을 끊자, 그를 찾아 헤맨다. 그의 고향 마을까지 내려가 주소를 찾아낸 순임은 '경찰이 된 영호'를 만나러 간다. 들꽃을 찍는 사진사가 되고 싶다는 그의 꿈을 기억하며 오랫동안 월급을 쪼개 마련한 사진기를 들고. 그러나 그녀가 본 것은 그녀가 알던 영호가 아니었고, 그나마 자신이 찾은 이가 예전의 그 영호임을 알게 했던 그의 착한 손은 순임이 보는 앞에서 식당집 딸의 엉덩이를 더듬는다. 자신이 보는 앞에서, 자신이 방금 착한 손이라 말한 그 손으로, 자신의 사랑을 능멸한 이 남자. 가슴 밑바닥까지 놀라 버린 순임은 눈물조차 맺히다 굳어 버린다.

그로부터 15년 후 죽음의 문턱에서, 순임은 그를 다시 부른다. 그에게 주지 못한 사진기를 주려고. 그동안 무엇인가를 찍어 놓은 그 사진기를 주려고. 순임은 얼마 남지 않은 삶의 몇 날에 그를 꼭 한 번 보고 싶다고 남편에게 말한다. 대체 왜 그랬을까? 순임이가 순진한 여자였다면, 그녀는 그를 어떻게 기억했을까? 받은 상처만큼 독기 서린 말들로, 그와의 추억을 일그러뜨리진 않았을까? 아니, 다시 만나려 하기는 했을까? 그를 기억하기는 했을까? 죽음의 직전에 자신의 첫사랑 남자를 만나려 했던 여자, 그의 꿈과 삶을 모두 살피려 했던 이 여자는, 순진한가? 순수한가?

순진한 커플과 순수한 커플 이야기로 다시 학생들을 불러 모은다. 여자의 입장에서 상상해 보자. 순진남과 함께한 여자, 행복했을까? 글쎄, 그럴 수도 있겠지. 알 수 없다. 그러나 순수남과 하룻밤을 보낸 여자, 어땠을까? 이건 순전히 다시군의 착각이지만, 순수남과 하룻밤을 보낸 여자는 분명, 행복했을 것 같다. 자신과의 관계를 소홀히 여기지 않고 자신의 주변과 부담과 마음을 모두 헤아리는 남자. 쾌락도 알지만 관계는 더 깊이 살피는 이 남자. 그래서 제 안에 뜨거운 욕망도 스스로 다스릴 줄 아는 이런 남자. 그렇다면 아마도 그녀는 이런 생각을 하지 않았을까. '이 남자와 하룻밤 같이 잠들지는 못했지만, 이 남자라면 평생을 함께 잠들고 싶다.'라고. 흠, 지나친 환상인가?

다시군의 환상을 학생들에게 들려준다. 학생들이 조용하다. 종이 울린다. 웅성웅성. "생각해 보니, 나는 순수남인 거 같아." 하는 말로 배시시 뻐기는 열여덟 살 남자 녀석들이 하나 둘 나타난다. 다행이다. 온갖 폭력적인 영상물에 묻혀 사는 학생들이 잠시라도 '쾌락'이 아닌 '관계'에 대해 생각해 보는 것. 순진과 순수에 대해 생각해 보는 것. 그것이면 되었다. 매듭을 하나 짓는다. 그리고 이어지는 마지막 질문.

영호의 영혼은 왜 순수로 성숙하지 못하는가? 영호의 죽음은, 영호의 폭력에 지친 삶은 대체 누구의 책임인가?

#4_ 다시, 순수를 시작하는 방법

영호가 뒤로 돌아가기를 외쳤던 곳은 '기차 앞 선로' 이전에 이미 있었다. 경찰이 된 후 처음으로 영호가 고문에 가담했던 날, 경찰서로 자신을 찾아온 순임을 잔인하게 밀어 버리고 선배 경찰들과 근처의 허름한 공터 식당에서 회식을 할 때다. 기차에 비할 수 없이 가녀린 자전거를 타고, 식당 앞 공터를 내내 빙빙 돌던 영호는 자신에게 폭력을 전수해 준 고문 선배들에게 돌진한다. 그 무시무시한 선배들이 기겁하도록 나무 몽둥이로 그들을 후려치면서 그가 복창하라고 씹어뱉은 말은 무엇이었는가?

"뒤로 돌아앗!"

그랬다. 그는 늘 뒤로 돌아가기를 바랐다. 돌아가기를 바랐으나 늘 실패했다. 그러나 과연 우리는 그것을, 기차의 탓으로만 돌릴 수 있을까?

1980년 5월, 광주의 역사가 보여 주는 가혹한 폭력을 부정하는 것이 아니다. 그 폭력의 어마어마한 무자비함과 무소불위함을 가볍게 보려는 생각이 아니다. 그런 마음일랑 조금도 없다. 폭력의 시대,

권력자의 욕망에 따라 세상의 모든 '나'를 깡그리 부수고 으깨어 버리는 일이 일상처럼 벌어지던 그 시대의 고통을 어떻게 감히 우리가 낮추어 말할 수 있을까? 그러나 그럼에도 불구하고, 영호의 삶이 파멸에 이르게 된 책임을, 순수에 이르지 못한 책임을 오로지 세상에 돌리는 것은 온당한가 되묻게 되는 것이다.

이때 학생들과 함께 되돌려 보는 장면은 식당에서 영호가 한 아이를 만나는 때이다. 그의 식탁 밑으로 공을 주우러 온 아이. 도우려는 영호에게 아이는 으르렁거리며 개 짖는 소리를 내고 영호 또한 개 같은 소리로 답한다. 그런데 그 광경을 보고 죄송하다며 사과하는 아이의 아버지는 놀랍게도 오래전 영호에게 고문을 당했던 대학생이었다. 그를 다루었던 첫 고문 이후, '미친 개'로 이름을 날리며 극도로 폭력적인 고문도 마다하지 않는 유능한 경찰이 되어 버린 영호는 '개'로 불리는 자신을 마다하지 않으며 개를 즐겨 흉내 낸다. 그렇게 영호의 곁을 떠나지 않았던 개의 형상이 그에게 고문을 당했던 이의 아이에게로 전해진 것이다. 어찌 된 일인가?

그날, 영호가 또 한 번 부서져 '개'의 삶을 시작한 날. 부서진 사람은 영호만이 아니었다. 그에게 고문을 당했던 대학생도 그날, 부서졌다. 아마도 그 역시 개가 되었으리라. 그것이 그의 아이에게로 전해진 것이다. 폭력이란 그렇게 이어지는 것인가? 그렇다면 우리는 그 폭력의 책임을 누구에게로 돌려야 하는가? 누구보다, 그 가련한 대학생의 '아이'가 '개'로 변한 책임을 누구에게 돌려야 하는가? 아버지가 된 대학생의 삶도, 그 대학생의 아이의 삶도, 모두 '어쩔 수 없이' 세상의 책임인가?

쏟아지는 질문에, 뭔가 단언할 수는 없지만 안에서 울컥하는 듯하다는 학생들이 나타난다. 기나긴 무지와의 전투 속에서 졸음의 협공도 겨우 피해 왔으나 쏟아지는 질문 공세에 급격히 피로해져 버린 그들에게 남은 박하사탕을 탈탈 털어 나눠 준다. 오랜 '당분 금단 증상'으로 성급히 사탕을 깨물어 먹으려는 학생들에게 다시금, 용맹하게 말한다.

"박하사탕은 녹여 먹어야 제맛이지!"

무턱대고 우드득 까드득 사탕의 단맛을 한 방에 삼키듯이 답을 찾지 말고, 사탕을 천천히 입 안에서 굴리며 그 맛과 향을 탐구하듯이 질문들을 함께 고민해 보자는 것이다.

이때 학생들과 함께 읽는 글이 있는데, 바로 가라타니 고진의 《윤리 21》의 일부분이다.

'절대'라는 것은 없다. 모든 것은 상대적(오십 보 백 보)이다. 그런 말이 근본적인 것으로 울리는 순간이 있다. 오십 보 도망간 자가 백 보 도망간 자를 비웃고 규탄하는, 그런 광경이 항상 있기 때문이다. (중략) 역으로 거기에서야말로 '모럴(윤리 혹은 책임)'이 시작된다고 했던 것이다. 오십 보와 백 보 사이에는 적어도 오십 보의 차이가 있고, 그것이야말로 '절대'다. 결국 각자는 선택하지 않으면 안 되고, 그것이 우연이더라도 사실성으로 받아들여야만 한다는 것이다.

— 가라타니 고진 지음·송태욱 옮김, 《윤리 21》, 사회평론

전장의 일선에서 도망친 병사. 오십 보든 백 보든 그들이 넘지 말아야 할 선을 넘었다는 것은 다르지 않다. 그러나 그들 사이에 놓인 오십 보의 차이 또한 부정할 수 없는 사실! 선을 넘어선 순간, 돌이

킬 수 없는 오십 보를 한 번에 넘어왔던 그 순간, 그 자리에서 멈출 수 있었다면, 또 한 번 밀려온 거대한 절망에 휩쓸려 오십 보를 더 물러나게 되었을 때 그가 안간힘으로 버텨 냈다면, 그리하여 마침내 한 걸음 밀려난 길을 되걸어 나아갔다면, 그랬다면 세상의 개 짖는 소리들은 꼭 그 한 걸음만큼은 줄어들지 않았을까?

결국 우리는 선택하지 않으면 안 되고, 그 선택의 차이가 절대적으로 세상의 차이를 만든다. 그 차이의 책임을 우리는 피할 수 없다. 영호의 고통에 공감하는 만큼, 영호의 책임도 우리는 성찰해야 한다. 그 공감과 성찰이 학생들 개인의 삶으로 이어지길 바라며 다음의 글쓰기 주제를 나누어 주었다.

1 등장인물 중에서 영호의 죽음에 가장 큰 책임을 져야 할 3명(인물, 단체, 세력 등)을 고르고, 그 이유와 논리를 영화의 구체적인 장면을 근거로 서술하시오.

2 영호가 자살한 근본적인 원인을 밝히고, 영호가 다시 돌아가고 싶은 때는 언제이며, 어떻게 하면 자신이 원하는 삶을 살 수 있을지 영화의 구체적인 장면을 근거로 서술하시오.

학생들은 두 개의 주제 중 하나를 골라 글을 썼다. 다른 질문이지만 사실은 같은 질문이기도 하다. 영호를 둘러싼 폭력을 살피며 우리를 둘러싼 폭력의 근원을 돌아보았으면 하는 마음으로 마련한 주

〈개그 콘서트〉에서 인기를 끌었던 '감수성'. 배꼽을 쥐며 함께 웃다가도 그야말로 감수성이라는 것이 무엇인지 골똘히 생각하게 하는 그들의 개그에 감탄했다.

제이다. 내내 영호에 대해 이야기를 해 왔던 탓인지 그럭저럭 나누어 준 학습지가 많이들 채워졌다.

영호의 고통에 공감할 수 있는 경험이 다시군과 만나는 열여덟 살 청년들에게는 그리 많지 않겠지만, 그러한 고통을 상상하며 상황을 돌아보는 일이 우리에게 필요하다고 다시군은 생각한다. 타인의 고통에 공감할 수 있는 능력, 감수성이란 그런 것이다. 이 힘을 따뜻하게 갖춘 이는 이 거친 세상에서도 결코 외롭지 않을 것이다. 이 외롭지 않은 이들이 만든 세상이라면 개 짖는 소리가 조금은 더 줄어들지 않겠는가?

〈개그 콘서트〉의 옛 코너 '감수성(城)'은 전쟁을 수행하는 근엄한 왕이 삶과 죽음을 가르는 비장한 결단을 내리다가 주변 사람들의 작은 상처에 쩔쩔매며 미안해하는 내용이었다. 손가락에 가시가 박혔다든지 자신의 어릴 적 별명을 불렀다든지 하는 주변 사람들의 소심한 상처에 그 근엄한 왕이 어쩔 줄 몰라 할 때마다 보는 이들이 빵

빵 터지며 웃는 이유는 근원적으로 그가 '감수성(感受性)'의 왕이기 때문이다. 무쇠 도끼로 나무를 찍어 내듯 시퍼렇게 적과 나를 구분해야 하는 전장에서 타인의 고통에 공감하며 쩔쩔매는 그의 모습이 낯설고 우스꽝스럽기 때문이다.

그러나 두근대지 않는가? 그런 이가 있다면, 저보다 약한 이들의 고통에 함께 아파 쩔쩔매는 그런 이가 있다면, 그런 그가 타인의 고통을 보아 넘길 수 없는 마음으로 전장에 나서는 것이라면, 그가 지키려는 그 성이 무너지지 않기를 우리는 함께 바라지 않을까? 그리고 이 감수성 충만한 사람의 곁에 함께하려는 사람들이라면 이 세상의 개 짖는 소리를 조금은 더 걷어 줄 수 있지 않을까?

학생들이 감수성의 사람으로 자라는 데 나의 수업이 도움이 된다면, 내 기꺼이 가진 용돈을 탈탈 털어 아주 맛난 박하사탕을, 그때는 아무런 퀴즈나 조건 없이 무작정 나눠 줄 테다. 물론 그때도 용맹하게 말해야지. 박하사탕은 녹여 먹어야 제맛이라고.

Sicko

의료 민영화와 무상 의료, 그리고 인권

미국에는 없고
쿠바에는 있는 것?

식코

마이클 무어 감독의 〈식코〉(2007)는 OECD 주요 국가들의 의료 시스템을 살피고 의료 민영화의 폐해를 파헤친 다큐멘터리 영화이다. 무어 감독은 차라리 농담이었으면 싶은 현실을 날카롭게 살피면서도, 아프고 슬픈 현실을 따뜻하게 감싸는 영화를 만들어 왔다. 이 심각한 다큐의 포스터 속 한마디도 'Coming soon'이 아니라, 'Get Well Soon'(냉큼 쾌차하슈!)이다.

아픈 몸을 치료하고 사람의 목숨을 구하는 의료를 민영화한다는 것은 사람의 고통과 목숨을 돈으로 흥정하겠다는 것이다. 과연 이것은 정당한가? 이렇게 해야만 우리의 건강과 목숨을 모두 지킬 수 있는 것일까?

#1_ '20조'라는 돈

마이클 무어 감독은 먼저 무상 의료를 지향하며 실천하고 있는 프랑스, 영국, 캐나다를 다니며 그들의 의료 시스템에 대해서 이야기한다. 프랑스에는 미녀의 비명 소리에 단번에 날아올라 사람들을 구하는 슈퍼맨은 없지만, 40도의 고열이 난다는 전화 한 통에 한밤중에도 5분 만에 의사가 방문하는 '응급 주치의 시스템'이 있었다. 영국에는 탈선하는 기차를 거미줄로 안전하게 돌이키는 스파이더맨은 없지만, 영국 히드로 공항에 도착한 지 얼마 지나지 않아 어깨가 탈골된 외국인 여행객을 무료로 치료해 주고, 차비까지 제공하는 '무상 의료 시스템'이 있었다. 더욱 놀라운 것은 캐나다에서는 그 어떤 스타 영웅들보다 무상 의료를 실현한 정치인 토미 더글러스를 가장 위대한 히어로라고 여긴단다. (그러니 미국의 히어로들이여, 당신들이 할 일을 다시 생각해 보자. 진짜 영웅은 개인이 아니라 시스템을 구한다잖아.)

영화를 잠시 멈추고, 다시군이 학생들에게 묻는다.

"이게 어떻게 가능할까?"

"저들은 돈이 많잖아요."

"그래, 물론 그렇지. 그럼 우리는 왜 이런 의료 시스템이 없을까?"

"우리는 돈이 없잖아요."

"뭐라고? 우리나라가 돈이 없어? 정말?"

말이 나온 김에 제대로 돈 이야기 좀 해 보자고 다시군, 학생들을 불러 세운다.

2008년부터 통계청에서 발표하고 있는 〈우리나라 초·중·고 학생의 사교육 현황〉에 따르면, 2011년 대한민국에서 사교육비로 쓰인

돈이 대략 20조 원이다. 20조, 이 어마장대한 숫자의 돈이 매년 결국 상위 10퍼센트의 학생들에게 대부분의 영광이 돌아가는 이 앙상한 경쟁에 쓰인다는 것이다. 경쟁의 쓸모와 매력도 교육의 한 도구이며, 우리가 먼저 확립해야 할 것은 교육의 근본이고, 사회적 자본의 효용을 조절하는 것 또한 국가의 역할임을 다시군 한창 목에 힘을 주어 말하려는데 어째 학생들의 눈빛이 이상하다. 언뜻언뜻 학생들의 머리가 자꾸 기우는 것이 학생들의 눈동자가 눈꺼풀 뒤로 넘어갈 태세다. 아고 이런 다시군, 워어이 워어이 졸음신을 쫓으며 학생들이 '20조'라는 돈을 구체적으로 상상할 수 있도록 예를 들어 준다.

① 20만 원 × 1억 명

20만 원을 1억 명에게 나눠 줄 수 있다. 한국의 교복 평균 가격이 대략 20만 원이니까 고등학교 신입생 60만 명에게 앞으로 15년 동안 매년 교복을 무료로 줄 수 있다는 것이다. 아차차 이런, 실수다. 15년이 아니고 150년이다. 150년이라고요? 그래, 150년. 그러니까 대한민국 사교육비를 1년만 모으면, 딸에 손자에 증손녀에 고손자에 잘하면 고고손자의 교복까지 한 방에…… 뭐? 교복은 좀 별로라고? 그럼 좀 더 써 볼까?

② 3000만 원 × 60만 명

3000만 원을 60만 명에게 나눠 줄 수 있다. 대한민국의 청소년들이 대략 한 학년에 60만 명 정도 되니까 그들이 만 20세의 청년이 되는 날 생일 선물로 3000만 원씩을 줄 수 있다는 이야기다. 대학 등록금이나 유학 자금, 여행이나 공연, 창업 자금 등으로 활용하도록 돕는다면 스무 살의 청년들이 장미 한 송이나 향수 한 병, 뽀뽀 한 번에 머물지 않고, 현실에 찌들려 자신의 꿈이 쪼그라드는 것을 그냥 두게 하지 않고, 수십만의 경쟁을 이겨야 겨우 제 꿈을 이룰 수 있다는 온갖 오디션 프로그램의 그 환희에 찬 협박에 주눅 들지 않고, 보다 창의적이고 패기 넘치며 즐겁고 원대한 상상에 도전하는 모습을 볼 수 있을 것이다.

1990년대 후반부터 스웨덴은 '생애 첫 자금 지원'이라는 프로그램을 통해서 20세가 되면 약 2000만 원을 은행 창구를 통해서 지원하고 있다. 국립학교의 경우 등록금도 무료인 스웨덴에서 이 돈은 스웨덴의 청년들에게 행복한 삶을 위한 자신의 상상을 직접 시도해 보는 든든한 첫 자금이자, 그들의 시도와 희망에 대한 기성세대의 든든한 격려일 테다.

③ 2000억 원 × 100개

공부 좀 한다는 학생들의 부모님을 그렇게 설레게 하는 국제고. 이 국제고의 건설비가 대략 350억이다. 여기에 땅값에다가 30년 유지 보수비로 대충 150억을 얹어 주고 교직원 100명에 평균 연봉 5000만 원씩을 대강 30년을 정년으로 잡아 드린다 치면, 국제고 하나를 만들어 운영하는 데 대략 2000억 원 정도 든다. 20조란 2000억에 100을 곱한 숫자다. 그러니까 대한민국의 한 해 사교육비를 모으면, 전국에 국제고를 매년 100개씩 지을 수 있다는 이야기이다. 대한민국 고등학교가 대략 2000개니까 앞으로 10년이면 교실 당 학생 수를 절반으로 줄이고 20년이면 모든 고등학교의 국제고화를 이룰 수 있다.

④ 2조 원 × 10년

대한민국 질병 사망률 1위인 암. 치료비가 비싼 탓에 가난한 이들에게 더욱 무서운 병이어서 웬만한 분들은 다들 보험 하나씩 들게 하는 그 무서운 질병, 암. 그런데 2조 원이면 대한민국의 모든 국민이 돈 걱정 없이 암을 치료받을 수 있단다. 그러니까 한 해만 사교육비를 모으면 이걸 10년 동안 보장받을 수 있다는 것이다. 그렇게 10년만 모아도 100년 동안, 그러니까 자식에 손자까지 암 치료에 대한 걱정 없이 살 수 있다. 이거 정말이에요? 그럼, 정말이지. 암, 그렇고말고.

20조라는 돈이면 이런 일들을 할 수 있다. 물론 대한민국 사교육비 20조를 모은다는 것이 거의 불가능한 일이고 그래서 이런 상상은 달랑 로또 한 장 사 놓고 온갖 계획과 셈을 하는 그런 농담 같은 일임은 분명하다. 로또복권의 '800만분의 1'이라는 가능성만큼이나 대한민국 학부모들의 '마음을 모두 모으는 일'의 가능성 또한 너무나 낮기 때문이다. 그럼에도 다시군이 이런 사례를 나열하는 것은 학생들에게 묻고 싶은 질문이 있기 때문이다.

20조라는 이 엄청난 돈을 사교육비에 쓰고 있는 우리는 과연 행복한가? 이 많은 돈을 사교육비에 써서 얻는 행복이 다른 곳에 써서 얻을 행복보다 진정 더 큰가? 무엇보다, 오늘 대한민국이 좀 더 사람들을 행복하게 하는 시스템을 갖추지 못한 것은 정말 돈이 없어서인가?

"그래도 돈이 더 많으면 좋잖아요."

뾰루퉁한 표정의 학생이 한마디 툭 던진다.

"그래, 물론 그렇지. 돈이 많으면 좋을 수도 있겠지. 하지만 돈만 많으면 모두 행복할 수 있을까?"

질문은 잠시 묻어 두고 영화를 계속 보자. 프랑스, 영국, 캐나다는 그렇다 치고, 마이클 무어 감독이 살고 있는 나라, 세계에서 손꼽히는 부자 나라이며 세계 제일의 의료 기술을 가지고 있는 나라, 미국은 어떨까? 마이클 무어 감독의 카메라를 따라 미국 사람들의 이야기를 들여다보는데, 오우 이런! 너무나 아픈 이야기들이 전해진다. 그리고 그 중심에 9·11 테러 사건이 있었다.

#2_ 차라리 농담이었으면

군 복무를 마치고 대학에 복학하던 해, 이제 2학기가 개강한 지 얼마 지나지 않은 때의 어느 오후. 왁자지껄 언제나처럼 껄렁한 농담을 던지며 복학한 친구들과 함께 학교 앞 식당으로 밥을 먹으러 들어서던 참이었다. 계란말이가 일품이어서 다시군이 참 좋아했던 그 식당에 들어서는데 뭔가 이상했다. 식당 안의 공기가 왠지 경직된 느낌. 모두가 텔레비전을 올려다보고 있었다. 다들 어마어마하게 화려하고 장대하며 실감나는 항공기 충돌 장면을 보고 있었는데, 뭐야 싶다가 순간 섬뜩했던 것은 그것이 뉴스 속보였기 때문이었다.

차라리 농담이었으면 싶은 그 영상을 멍하니 쳐다보다 더 이상 견디지 못한 우리는 하나 둘 농담을 던지기 시작했다. "영화의 나라 미국답다." "야, 저거 다 CG 아니야?" 혹은 "민방위는 좋겠다, 예비군은 큰일 났네." 하는 등등의 말들. 그러나 아무도 웃지 않았다. 아니 웃었으나, 그것은 이미 웃음이 아니었다. 그것은 어떤 안간힘에 가까웠다. 이 평온한 세계가 무너질지 모른다는 그 충격과 공포를 견디기 위한 안간힘. 무너져 내리는 무역센터를 보면서 우리 안에서도 무언가가 함께 무너져 내리고 있음을, 충격과 공포로 멈춰 선 사람들을 보면서 우리 안에서도 격동할 세계에 대한 충격과 공포가 스며들고 있음을 느끼고 있었던 것이다. 이러다 진짜 이 계란말이를 먹을 수 없는 세상이 되는 것은 아닌가, 하고 우리는 진심으로 걱정하기 시작했던 것이다.

〈식코〉를 보고 나서 2001년 9월 11일 뉴욕의 무역센터가 무너지던 그날, 충격과 공포로 무너져 내린 사람들 사이에서도 분주히 움직인 이들이 있었다는 것을 알게 되었다. 응급 구조 대원들이었다. 그들은 모든 것이 무너져 가는 그 아비규환의 현장을 하나하나 들추며 미세먼지의 구름 속을 헤매었다. '단 한 명이라도 살려야 한다. 단 한 명이라도 살릴 수 있는 시간이 줄고 있다.' 그 위험천만한 현장에서도 그들이 삶으로 닦아 온 용기와 헌신이 그들을 움직였다. 충격과 공포는 그들의 임무가 아니었다.

안타까웠던 것은 그들도 결국 무너졌다는 것이다. 더욱 안타까웠던 것은 그들을 무너지게 만든 것이 그들의 조국, 미국이었다는 것이다. 아니 정확히 말해, 그것은 미국의 의료 시스템이었다. 구조 활동을 하다 기도에 화상을 입어 호흡기 없이는 일상생활이 불가능해진 대원, 폐에 미세먼지가 누적되어 산소통 없이는 숨을 쉬기가 어려워진 대원, 구조 작업의 공포와 스트레스로 2년 동안 밤마다 이를 갈다 통증으로 잠을 잘 수 없게 된 대원…… 이들이 국가에 의료비 지

영웅이란 가진 힘의 크기로 결정되는 것이 아니다. 사람을 구하기 위해 넘어선 두려움의 크기, 그것이 그의 영웅됨을 증명하는 것이다. 대체 누가 감히 이 슈퍼맨들과 스파이더맨들을 함부로 대하는가?

원을 신청했으나 거절당한 것이다. 국가는 그들에게 9·11의 현장에서 자신이 구조 활동을 했다는 것을 증명하는 갖은 종류의 서류를 요구했다. Are you kidding me?

농담이 아니었다. 소속 따위와는 상관없이 현장에 뛰어들었던 그들의 용기와 헌신은 소속 따위를 정밀하게 다룬 서류로 증명되어야만 인정받을 수 있었다. 그러니까 슈퍼맨, 스파이더맨 같은 히어로가 사람을 구하기 위해 애쓰다 다치고 병들어도, 그들이 미국 소속으로 정식 발령을 받고 그 상처와 병이 구조 활동으로 인한 것임을 증명하지 못한다면 그들 역시 치료를 받을 수 없다는 것이었다.

그리하여 그들의 병은 더욱 깊어 갔다. 깊어진 병으로 직업도 잃고 집도 잃고 끝내 파산 상태에 이르러 충격과 공포로 그들의 삶이 무너져 내렸을 때, 그들을 눈앞에 두고도 국가는 움직이지 않았다.

그런데 놀랍게도 이들에 비할 수 없는 최첨단의 의료 혜택을 받으면서도 돈 한 푼 내지 않는 사람들이 이 다큐에 등장한다. 그들은

9·11 테러의 범죄자들이었다. 그들은 엄중한 경비의 관타나모 미 해군 기지에 격리 수용되어 있으면서 최첨단의 의료 기기와 최고의 의료진들에게 최상의 치료를 받고 있었던 것이다. 차라리 농담이었으면 싶은 이 이야기들은 모두 미국 의회에서 발언된 진짜 다큐였다.

다시군이 학생들에게 묻는다.

"얘들아, 이 구조 대원들은 왜 국가로부터 구조를 못 받았을까?"

"글쎄요."

"미국이 우리나라보다 가난해서 그런 걸까?"

"글쎄요."

서둘러 영화를 계속 본다. 미국의 그 구조 대원들은 대체 누구로부터 구조를 받게 될까?

쿠바라는 나라가 있다. 카리브해를 사이에 두고 미국과 마주하고 있는 섬나라. 미국의 적대국으로 사회주의 국가이며 미국인들에게 악마의 나라로 알려진 곳. 마이클 무어 감독은 몸과 마음이 모두 피폐해진 그 구조 대원들을 데리고 쿠바에 간다. 그런데 놀랍게도 그들은 그곳에서 미국에서라면 수천만 원을 들여야 받을 수 있는 높은 수준의 치료를 무료로 받는다. 미국에서 15만 원이나 되는 호흡기를 이곳에서 60원에 사기도 했다.

알고 보니 쿠바는 기대 수명과 영아 사망률, 백신 접종 등 각종 보건 지표에서 선진국과 맞먹는 건강한 나라였다. 생명공학 분야 특허를 500여 개나 보유하고 있고, 2003년 합성형 뇌수막염(Hib) 백신을 세계 최초로 개발했으며, 남미 국가 중 연간 약 600억 원의 의약품을 수출하는 의약품 최대 수출국이다. 쿠바에 어떤 악마가 있는지는 모르겠으나 적어도 병든 사람의 고통을 돈으로 흥정하는 악마는 없는 모양이었다. 영화를 보다 놀란 학생들이 묻는다.

"이거 진짜예요?"

"진짜지, 다큐 영화인데."

"그런데 어떻게 이럴 수 있어요?"

"그러게, 어떻게 이럴 수 있을까?"

#3_ 모든 것을 움직이는 것

우리 돈으로 따지면 미국은 국민 1인당 GNP가 대략 5000만 원이고, 쿠바는 500만 원을 조금 넘는다. 그런데 왜 미국은 무상 의료 시스템을 갖추지 못했을까? 우리는 또 어떠한가? 대한민국의 국민 1인당 GNP는 대략 2500만 원. 쿠바보다 다섯 배나 많은 돈을 가지고도 대한민국은 왜 그들과 같은 무상 의료 시스템을 갖추지 못했을까? 정말 중요한 것은 돈인가?

영국이 무상 의료를 시작한 것은 제2차 세계 대전이 막 끝난 1948년, 전국이 초토화된 직후였다. 쿠바가 오늘날 높은 수준의 무상 의료 시스템을 이룬 것은 지난 50여 년 동안 이뤄진 미국의 강력한 경제 봉쇄 속에서였다. 가난과 결핍이 세상을 뒤덮었던 시기에 그들은 무상 의료를 기획하고 실천했던 것이다.

그러니까 결국 중요한 것은 돈이 아니다. 돈이 많고 적음은 우리에게 주어진 한 조건일 뿐, 중요한 것은 그 많고 적은 돈의 쓰임을 결정하는 우리의 '선택'이다. 그 선택이 우리의 생활과 생계의 모든 것을 움직이기 때문이다. 이를 이루기 위해서 우리는 먼저 '두려움'에 대해 알아야 한다고 영화는 말한다. 무슨 말인가?

"프랑스에서 모든 것을 움직이는 것은 이곳 정부가 사람들을 두려워한다는 사실이에요. 정부는 사람들의 저항을 두려워하고 사람들의 반응을 무서워해요. 미국 사람들은 정부를 무서워하잖아요. 그들은 행동하는 것을 두려워하고 저항하는 것을 두려워하죠. 프랑스 사람들은 그렇지 않거든요."

마이클 무어 감독이 프랑스에 살고 있는 미국인들을 만난 자리에서 한 여인에게 들은 말이다. 프랑스에서는 가능한 것들이 왜 미국에서는 가능하지 못한 것인지 이야기를 나누던 중에 나온 말이다.

프랑스라고는 달랑 3일 동안 에펠탑의 섹시함에 헤벌쭉 침만 흘리다 온 것이 전부인 다시군으로서는 프랑스 사람들이 정말 그러한지 알 수 없다. 그저 궁금한 것은 다음 질문들에 대한 우리의 답이다.

'대한민국에서 모든 것을 움직이는 것은 무엇인가? 대한민국 정부는 대한민국 사람들을 두려워하는가? 자신의 목소리를 세상에 알리기 위해 한겨울 매서운 냉기 속에서도 촛불 하나로 시위를 벌이던 사람들을 향해 살수차를 동원하는 이 나라 정부는 대한민국 사람들을 두려워하는가? 강력한 물리력을 갖추고 있으면서도 약자에 대한 최소한의 아량마저 저버리는 저들에게 두려움은 있는가?'

그러므로 다시 중요한 것은 두려움이다. 우리가 저들을 두려워하지 않고, 저들이 우리를 두려워하게 하려면 무엇을 어디서부터 어떻게 시작해야 할까? 아, 쉽지 않은 질문. 세상에 대한 이런 어려운 질문일수록 세상과 진하게 한판 얼워 본 어른들의 말씀을 먼저 듣는 것이 좋을 테다. 영화 속에서 마이클 무어 감독이 직접 인터뷰한 영국의 전 상원의원 토니 벤 할아버지의 말씀을 경청하자.

"민주주의야말로 가장 혁명적인 것이죠. (중략) 자본주의에서 흔히 말하는 이 '선택'이라는 개념은 늘 같습니다. 뭐든 하나를 고르라는 것이죠. 하지만 이 선택은 자유가 보장되고 난 이후의 일입니다. 만약 누가 큰 빚을 지게 되면 그 사람에겐 선택의 자유가 없지요. 빚을 진 사람은 희망을 잃고 절망한 사람들은 투표하지 않으니까요. (중략) 만약 영국이나 미국의 가난한 사람들이 모두 들고일어나서 자신들의 입장을 대변하는 후보에게 표를 던지면 민주주의 혁명이 일어날 것입니다. 그러니 그들은 사람들이 계속 절망하도록 하는 것이지요.
사람들을 통제하는 길의 첫째는 사람들이 두려워하게 하는 것입니다. 교육받고 건강하고 자신감 넘치는 사람은 다루기 어렵습니다. 인류의 상위 1퍼센트가 세계의 80퍼센트의 부를 차지하고 있습니다. 기가 막힌 것은 사람들이 그것을 참는다는 겁니다. 왜냐하면 그들은 가난하고, 잘 알지 못하며, 두려워하기 때문입니다."

#4_ 두려움 없는 상상

그러므로 민주 교육의 최소 목표는 먼저 '두려움을 다스리는 것'이어야 할 테다. '민주(民主)'란 결국 사람(民)이 제 삶의 주인(主)이 되게 하는 것. 두려움을 다스리지 않고서는 제 삶의 주인이 될 수 없다. 이를 위해 우리는 우리가 두려워해야 할 것을 정확히 두려워하고, 두

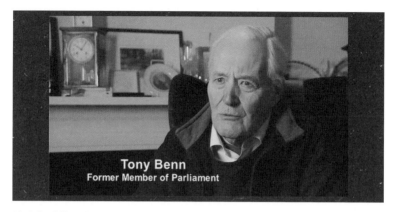

위 사진보다 훨씬 따뜻한 미소를 지닌 분이다. 이름이 참 귀여우신 영국의 큰 어른 토니 벤 할아버지.

려워하지 말아야 할 것을 정확히 두려워하지 않을 수 있어야 한다.

그렇다면 민주 국가의 주인으로서 우리가 두려워해야 할 것은 무엇인가? 그것은 '독재'이다. 독재는 모든 권력을 소유한 독재자만을 주인으로 두고 그 이외의 모든 이를 노예로 만들기 때문이다. 또한 그것은 '독점'이다. 독점은 이익을 독점한 자본가만을 주인으로 두고 다른 모든 이를 노예로 만들기 때문이다. 우리는 권력의 독재와 이익의 독점을 제한하고 권력의 분산과 이익의 분배가 공정하게 이루어질 수 있도록 해야 한다.

이를 위해 우리가 두려워하지 말아야 할 것은 '혼란'이다. 주인은 자율로 움직이는 자이며 자율이란 혼란을 각오하지 않고서는 이룰 수 없는 것이기 때문이다. 독재와 독점을 두려워하고 혼란을 두려워하지 않는 것. 그것이 사람이 제 삶의 주인으로 사는 삶, 곧 '민주(民主)'를 이루는 바탕이다. 이 바탕 위에 '상상'의 힘을 키워야 한다. 내 삶의 조건을 바꾸는 '구체적이고 현실적인 상상'이야말로 온전히 주인에게만 주어지는 것이기 때문이다. 이 상상이 자신의 삶에서 세상으로 뻗어 나갈 때 우리는 세상의 주인으로 살게 될 것이다.

오늘 자기 삶의 주인으로서, 오늘의 세상에 대한 구체적이고 현실적인 상상을 학생들과 함께 나누고 싶었다. 그래서 나와 만난 학생들이 대한민국 민주 국가의 아름다운 주인이 되는 데에 도움이 되기를 바랐다. 이를 이루기 위해 다시군이 마련한 상상·토의 수업의 주제는 다음과 같다.

대한민국의 모든 학부모가 한 해 20조 원이라는 돈을 좀 더 유용하게 쓰자는 주장에 동의해서 이 돈을 학교 운동장에 쌓아 놓았다. 당신은 이 돈의 쓰임을 정하는 '사교육비 재활용 위원회'의 위원이다. 1만 원 현금이 가득 담긴 2억 원짜리 사과 박스 1만 개가 당신의 결정을 기다리고 있다. 이 돈을 어떻게 쓸 것인가? 세 가지의 쓰임을 정하되 구체적으로 근거를 들어 설득하시오.

다양한 이야기가 쏟아져 나온다. 평소 우리나라의 자주국방에 관심이 많던 학생은 이 돈을 최신 군사 시설을 확보하는 데 쓰자고 하고, 집안에 큰 병으로 고생하고 계시는 분이 있거나 그렇게 돌아가신 분이 있었던 학생은 더 많은 혜택이 보장되는 국민 의료 보험을 제안하기도 했다. 청년 실업을 고민하던 학생은 청년 창업 자금과 등록금 보조를 제안하고, 공교육에 불만이 많던 학생은 학생들의 다양한 특기를 지원하는 특성화고를 더 짓고 다양한 공연장이나 문화 시설을 만들어 그들이 자신의 꿈을 이룰 수 있는 구조를 제안한다.

'어허, 무슨 이런 말도 안 되는……'이라고 말하려는데, 점점 말이 되어 가는구나. 다큐를 닮아 가는 이 농담 같은 이야기들.

애초에 말도 안 되는 상상으로 시작한 이야기에 정답이 있을 수 없다. 다만 다시군이 개입하는 부분은 그들의 상상이 오늘의 현실보다 더 행복해야 한다는 것이었다. 그리고 구체적인 자료를 논리적인 근거로 삼아야 한다는 것이었다. 무엇보다 다시군이 강조했던 것은 자신의 상상이 자신의 부모님에게 충분히 매력적이어야 한다는 것이었다. 대한민국의 학부모들이 자식에 대한 걱정을 밀어내고 자신의 돈을 맡길 수 있을 만큼 우리의 상상은 구체적이며 행복한가?

학생들의 눈빛이 깊어진다. 그 설득의 대상이 당장 자신의 부모님이기 때문에 그럴 테다. 그 눈빛의 깊이만큼 학생들은 더욱 괴롭겠지만, 그 눈빛의 깊이만큼 우리 사는 세상은 더 풍요로워지리라.

삽질로는 도저히 깊어질 수 없는 그 눈빛을 위해 다시군은 학생들과 이야기를 좀 더 해 봐야겠다. 말이 된다는 이야기가 혹시 말도 안 되는 모순을 감추고 있는 것은 아닌지, 말도 안 되는 이야기가 어떻게 세상을 말이 되게 하는지 좀 더 따져 보는 것이다. 진짜 다큐의 세상을 움직이는 농담 같은 이야기와 농담에 담긴 애정도 함께 이야기해 봐야지.

Life is Beautiful

비장함 속에 핀 명랑함

인생은 아름다워

로베르토 베니니가 주연, 각본, 감독을 맡아 훌륭하게 연출해 낸 영화 〈인생은 아름다워〉(1999)는 비참할 수밖에 없는 상황에도 명랑함을 이뤄 내는 한 남자의 이야기이다. 도저히 넘볼 수 없는 아름다운 여인 도나를 만나 기꺼이 사랑을 실현하고, 유태인 학살이라는 가공할 폭력 앞에서도 끝내 인생의 진정한 승리를 이끌어 내는 이 남자, 귀도. 우리는 그에게서 인생에 대한 우리의 기본적인 태도를 가늠해 볼 수 있다.

우리를 비장하게 만들 수밖에 없는 비참한 현실 속에서도 우리의 삶은 과연 아름다울 수 있을까? 그리고 그것은 어떻게 가능한가?

#1_ 어른 되기, 아빠 되기

다시군, 어른스럽지 못했다. 오랜만에 만난 한 친구가 다시군의 이런저런 사는 이야기를 들은 후 다시군에게 말했다.

"너는 결혼 생활에서도 언제나 최선을 다하는구나. 열정적인 사랑의 결실로 둘째까지 낳고 말이야."

이 말에 마음이 흔들린 다시군. 용맹하게도 그날 저녁에 이 말을 아내에게 옮겼다. 몇 마디 이야기를 옮기자마자 그녀에게서 터져 나온 실소. 도대체 뭘 어떻게 알리고 다니느냐는 아내의 추궁과 곧바로 터진 아내의 파안대소. '열정적인 사랑의 결실로 둘째까지'를 넘어가지 못하고 아내는 쓰러졌다. 아 다시군, 어찌 잊었단 말인가. 임신을 위해 보낸 그 며칠과 그 며칠이 반복되던 몇 달의 밤을. '임신'이라는 목적으로 이뤄지는 그 밤의 어색과 비장과 긴장과 조바심, 그리고 무엇보다 피로, 그 피로를.

제 한 몸 건사하기에도 벅찬 다시군에게 두 아이의 부모가 되는 일이란 정말이지 피로한 일이었던 것이다. 자식을 낳아 봐야 어른이 된다고 누가 그랬던가. 그 말을 따라 자식을 낳은 것은 아니었지만 자식을 낳고 보니 그 '어른'이란 직함이라도 받고 싶을 지경이었다.

학교의 여러 업무와 요청과 겁박을 물리치고 여섯 시에 퇴근하여 집에 들어서면 본격적으로 시작되는 육아 업무. 오줌 기저귀는 아기용 세탁기에 넣고, 똥 기저귀는 똥 상태를 한번 확인해 준 뒤 변기에 건더기를 떨어뜨리고 애벌빨래를 해서 젖은 빨래통에 놓는다. 저녁 식사에는 번갈아 '어르고 달래 밥 먹이기' 공연을 진행하고, 두 시간 반마다 분유를 타 먹이며 품에 안은 아이에게서 터져 나오는 그 청아한 꺼어어억 트림을 기다린다. 생후 3개월도 지나지 않아 목도 채 가누지 못하는 신생아를 목욕시키는 긴장을 넘으면, 해맑은 세 살 아이의 물장난을 고스란히 받아 주어야 하고, 잠들 녘에는 스무 권도 넘는 동화책을 쌓아 놓고 기다리는 아이와 협상을 시작해야 한다. 거기에 새벽까지 토막잠을 자며 육아에 지쳐 있는 아내를 잠시라도 쉬게 해 주려면…… 아, 그만하자. 피로하다.

두 아이의 아빠에게 영화 한 편에 맥주 한 캔으로 아름답게 멍을 때리던 여유란 이제 없는 것이다. 그래서 다시군은 '집안일 안 한다'는 말은 감히 꺼내지 못하고, 되도록 오랫동안 화장실에서 일을 본다. 9시 즈음이면 다시군은 몸과 맘의 진정이 담긴 처연한 표정을 지으며 화장실로 향하는데, 평소와 달리 30분을 앉아 있어도 다리 저림이 없다. (이런 신비로운 인체를 보았나!) 그렇게라도 틈을 내지 않으면 '아빠'라는 이름으로 쏟아지는 그 피로를 감당하기가 다시군은 벅차다. 그야말로 다시군이 아직 어른이라 불리기에는 한참 멀었다는 것을 보여 주는 것일 텐데, 어쩌겠나 어른이고 애고 간에 일단은 좀 살아야지.

물론 이것은 다시군만 겪는 일이 아니다. 그 모든 피로에도 불구하고 아이와 함께 살아가는 어른들이 세상에 얼마나 많으신가. 그중에는 아이와 나누는 웃음 한 자락에, 아이가 세상을 위해 흘린 땀 한 방울에 기꺼이 모든 피로를 감사함으로 받드는 어른도 많다. 정말 위대한 분들은 아이와 함께하는 오늘의 삶을 숨 가쁘도록 아름답게 만드는 분들이다. 남의 아이를 제 아이와 같이 여기며 당신의 사랑을 세상으로 넓히는 분들 말이다. 지금도 회사와 학교와 마을에서, 버스와 광장과 크레인에서, 그 모두를 포함한 세상의 곳곳에서, 그 사

용접 노동자 김진숙 씨가 85호 크레인에 올라 치룬 싸움과 그것을 지지하기 위해 전국에서 버스를 타고 몰려든 사람들, 그리고 그것을 막으려고 애를 쓰는 사람들이 모두 담긴 그림이다. 김진숙 씨의 싸움은 한진중공업 노동자만을 위한 일이 아니다. 혹한과 폭우와 폭염. 무엇보다 가혹한 외로움 속에서도 명랑한 희망을 잃지 않는 분. 이런 분들이 진짜 '어른'일 테다.

최호철(경향신문, 2011년 7월 10일자)

랑으로 따뜻하게 맹렬하게 싸워 나가고 있는 세상의 진짜 '어른'들 말이다. 그런 어른들이 있기에 우리는 오늘도 무사히 하루를 커 갈 수 있다.

그러므로 다시군은 아직, 어른이 아니다. 아빠도, 다시군에게는 멀었다. 이 어린 다시군은 어른이, 아빠가 될 수 있을까? 장래 희망에 '아빠'라고 적고 '농담'이라 읽는 열여덟 살 이 철없는 예비 아빠들은 또 어떠한가? 우리에게 그 어른을, 아빠를 좀 가르쳐 줄 사람은 없을까?

그런 생각이 들 때면 떠오르는 영화가 하나 있다. 그래서 이 영화를 아이들과 함께 보고 이야기를 나누었다. 울거나 혹은 웃는 보통의 영화와 달리, 웃으면서 울게 만든 영화 혹은 울면서 웃게 한 영화, 그것이 로베르토 베니니 감독의 〈인생은 아름다워〉이다.

#2_ '과학'이라는 폭력

〈인생은 아름다워〉는 일단 코미디다. 명랑하고 재밌다. 주연, 각본, 감독을 모두 해낸 로베르토 베니니의 능청스럽고 유쾌하며 밝은 이야기가 흥겹다. 아이들도 "와~" 함께 웃는다. 다행이다. 그러나 결코 명랑하게만 지켜볼 수 없는 그의 시대는 1930년대 이탈리아. 유태인인 그의 주변으로 나치즘의 위협과 살의가 다가온다. 끝내 유태인 수용소에 강제 수감되는 귀도와 아들 조슈아, 그리고 아내 도나. 하지만 놀라운 것은 매일 사람들이 샤워실로 들어가 연기로 사라지는 그 위험하고 위태로운 곳에서조차 지켜보는 우리가 함께 웃을 수 있도록 귀도는 그의 인생을 아름답게 만드는 것이다. 그러다 우리의 웃음이 어느 순간 '쿵!' 한다. 놋쇠 항아리 하나가 가슴 위로 떨어지는 듯한 멎음. 그래, 인생은 과연 아름다운가?

먼저 찬찬히 살피는 것은 영화 속에 드러난 나치즘의 풍경이다. 무서운 현실은 때로 우리를 외면하게 하지만, 그 현실을 직시하지 못한 낭만은 힘을 잃는다. 학생들과 함께 이 영화에서 나치즘의 폭력을 보여 주는 장면을 찾는다. 영화를 본 후 대부분의 학생들이 울분에 차 있기에 여러 이야기가 쏟아진다. 그중에 함께 돌아보는 것은 안개가 자욱한 밤 수용소에서, 잠든 조슈아를 안고 숙소로 돌아가던 귀도가 길을 헤매다 마주친 거대한 시체의 언덕이다. 나치즘, 그 광적인 폭력의 결론을 간결하게 보여 주는 이 장면. 대체 이유가 무엇인가? 그들은 왜 그렇게 그들을 죽였는가?

"그들은 미쳤어요."

아이들 몇이 분노를 담아, 때로 무심함을 담아 툭 뱉는다.

"그래, 그렇지. 그럼 하나 묻자. 이 영화에서 '가장 미친 사람'은 누구인 것 같아?"

이 말이 떨어지기 무섭게 이제까지 보았던 온갖 폭력적인 장면의 인물들이, 이런 개나리 십자수에 주옥같은 시베리아 개 호르라기 등등의 말들과 함께 튀어나온다. 그런 말들에 흥련해하며 같이 웃는 아이들을 타이른다. 분노하되 격분하지 말자. 어차피 영화 아닌가? 그러나 더 날카로워지기를. 우리가 만나는 세상의 폭력은 영화보다 훨씬 무섭고 교묘하다. 꼼꼼하게 살피자. 누구에게나 분노를 일으키는 그 폭력이, 누구에게나 아프고 힘들고 슬프고 참혹하게 여겨지리라 생각되는 그 폭력이, 그들에게 자연스러운 일이며 심지어는 마땅히 그래야만 하는 일이라고 여겨지도록 하는 그 감성은 어떻게 가능했던 것인가?

이 영화에서 그것을 보여 주는 인물이 있다. 그는 누구인가? 영화속에서 중요하게 다뤄지는 인물이기에 아이들에게서 곧 이름이 들려온다. 그는 레씽 박사, 수수께끼에 미친 의사이다.

세상이 그나마 평온하던 시절, 귀도가 일하던 호텔에 레씽 박사가 묵는다. 유난히 수수께끼를 좋아하는 그는 재치 넘치는 종업원 귀도를 천재라고 추켜세우며 서로 재미난 수수께끼를 주고받는 사이가 된다. 몇 년 후, 유태인 수용소에서 귀도는 그를 다시 만난다. 수용소의 군의관인 그와의 친분이면 수용소를 나갈 수도 있으리라 기대하는 귀도. 드디어 수용소 장교들의 가족 파티가 있던 날, 레씽 박사는 은밀히 귀도를 부르고 귀도는 숨이 멎을 듯 긴장하며 그에게 다가선다. 마침내 그의 입에서 건너온 말.

"귀도, 잘 듣게. 뚱보에 못생기고 노란색을 달고, 누구냐고 물으면

그 자체로 게르만족의 기원이 아리안족(유럽인들의 조상으로 추정되는 인도 인종)이라는 선언을 뜻하는 하켄크로이츠(나치스의 상징으로 쓴 갈고리 십자형의 휘장) 앞에서, 레씽 박사가 괴로워하며 귀도에게 수수께끼를 낸다. "나는 누구일까?"

꽉, 꽉, 꽉! 나를 따라오면서 똥을 싼다. 나는 누구일까? 흥, 오리라고 생각하지? 아니야! 날 좀 도와주게. 제발! 밤엔 잠도 잘 오지 않아!"

이 무슨 애기 기저귀 갈다 변 맞는 소리인가? 레씽 박사, 그는 유능한 의사이다. 아픈 이를 가려내고 병을 살피며 그것을 치료하는 유능한 이성이 그에게는 있다. 그러나 없었다. 그에게 고통 속에 죽어 가는 인간의 비명을 듣고 절규의 눈빛을 알아보는 감성은 없었던 것이다. 그에게 중요한 것은 오직 수수께끼. 그것을 풀지 못해 지새운 불면의 밤만이 고통스러울 뿐이다. 대체 그에게 무슨 일이 일어난 것인가? 이 영화가 그를 통해 보여 주려는 것은 무엇일까?

이 질문에 대한 답을 찾기 위해 함께 읽어 보는 책은 빌헬름 라이히의 《파시즘의 대중 심리》이다. 1930년대 유럽을 장악했던 파시즘의 정체, 파시즘이 근거했던 인종 이론, 그리고 나치에게 국가의 통제

권을 넘겨주고 그들로부터 통제당했던 비참한 이들의 이야기를 심리학으로 파고든 책이다.

이를 통해 먼저 살피는 것은 독일이라는 나라의 국력이다. 세계 연합군을 상대로 전쟁을 수행할 수 있었던 독일의 국력. 그것은 첨단의 과학력과 효율적인 경제력과 강력한 행정력이 있어야 가능한 것이었다. 그 모든 것을 이루는 일이란 엄청난 이성의 결집이 필요한 것. 그런 면에서 그들은 결코 미치지 않았다.

그러나 그 가공할 힘으로 그들이 이룬 일이란 불과 10여 년 만에 유태인 600만 명과 장애인, 유전병자, 집시, 부랑자 등 그들 눈에 결함이 있다고 판단된 500만 명을 포함, 1100만여 명을 죽인 것이었다. 전시 상황에도 유럽 대륙에 거미줄처럼 퍼진 기차들을 정확하게 움직였던 첨단의 운행 시스템부터 최대의 효율과 최적의 위생을 가능하게 했던 가스실까지, 각자가 자신의 임무를 다하고 버튼을 누르면 완벽하게 완료되는 이 가공할 학살의 시스템.

과학 기술은 무서운 것이다. 그러나 더 무서운 것은, 그 과학의 버튼을 누르게 하는 '논리'이다. 이 가공할 이성에게 대체 무슨 일이 일어났던 것일까? 이 가공할 이성은 어떻게 그토록 가공할 야만이 되었을까? 그것은 히틀러와 나치당이 집착했던 수수께끼 때문이었다.

'위대한 국가였던 독일은 왜 이 지경이 되었는가?'

1930년대 경제 대공황이 전 세계를 휩쓸던 때, 영화롭던 옛 명성은 찾을 길 없이 쇠락하여 마침내 붕괴 직전이란 위기감이 독일의 이성들을 휩쓸던 때, 그들은 이 수수께끼에 괴로워했다. 그렇게 그들이 실업과 불황과 불안과 절망으로 괴로운 불면의 밤을 이어 가던 때, 그들이 홀연히 나타났다. 히틀러와 나치당이었다. 그들은 답했다.

"혈통의 혼합과 이로 인한 인종의 수준 저하가 고대 문화의 유일한 몰락 이유이다. 왜냐하면 인간은 전쟁에 패배하여 사멸하는 것이 아니라, 단지 순결한 혈통에만 존재하는 저항력을 상실함으로써 사멸하는 것이기 때문이다."

모든 수수께끼의 답들이 그러하듯, 그들의 대답은 너무나 간결하고 명확했으며 그래서 강력했다. 1928년 그들에게 생겨난 80만 명의 지지자는 독일 경제가 급격히 불황으로 접어들면서 4년 만에 1300만 명으로 불어나 그들에게 열광했다. 독일 총 유권자의 32퍼센트가 넘는 대단한 지지였다. 나치즘은 몇몇 미치광이들의 패악질로 이루어진 것이 아니었던 것이다.

민주주의의 절차를 고스란히 통과한 히틀러는 이를 바탕으로 총통이 되었다. 그가 정답이었다. 그가 정답이어야 했다. 그 확신이 맹신이 되었고 그렇게 파시즘은 완성되었다. 혈통과 호적을 정리하고 골격과 피부, 머리칼이나 눈의 색깔, 코나 귀의 크기까지 순수 독일 혈통을 가르는 기준을 정했다. 이것에 어긋나는 이들은 수용소로 보내졌다. 그리고 학살이 시작되었다.

그러나 시간이 지나고, 시체가 쌓이고, 무엇보다 전장에서의 실패가 쌓이면서 그들은 다시 고통에 빠졌다. 독일은 순결해져 가고 있는데, 대체 우리는 왜 실패하는가? 마침내 무너지는 순수 독일의 신화를 광기로 버텨 내면서 그들은 묻고, 묻고, 또 묻는다.

레씽 박사, 그는 붕괴 직전 수수께끼의 광기에 휩싸인 게르만 민족주의자들의 모습에 명확히 일치하는 것이다.

이야기를 마치고 학생들을 돌아본다. 학생들이 고요하다. 로베르토 베니니 감독의 통찰에 경탄하면서(라기보다는, 무슨 그런 미친 사람 하나에 이야기를 주렁주렁 매달아 나오는지 그것 자체를 신기해하면서) 어쩐지 안도하는 느낌. '음, 역시 그들은 미친 사람들이었군요.'라는 말을 서로 건네는 듯한 분위기에, 다시군 안에서 꿈틀하는 질문을 던진다.

우리는 어떤가? 우리는 그 참혹한 인종주의로부터 얼마나 멀리 있는가?

#3_ 우리 안의 인종주의

"순수한 혈통이란 존재하는가? 그럼 여러분 중에 자신이 순수한 혈통이라고 생각하는 사람은 누구인가?"

솔직하게 말해 달라는 요청에 몇몇 학생들이 답한다. 대부분 자신이 무슨 씨 무슨 공파의 몇 대 손임을 근거로 말한다. 고맙다, 용기 있게 답해 주어서. 여러분의 자부심을 충분히 존중하면서, 다음의 이야기도 한번 생각해 주었으면 한다는 말로 이야기를 시작한다.

간단한 산수이다. 한 사람이 세상에 존재하기 위해서 필요한 사람은 두 명이다. 어머니와 아버지. 그 두 분이 존재하기 위해서는 그들 각각의 어머니와 아버지, 네 사람이 필요하다. 그 위는 8명, 그 위는 16명, 그 위는……. 한 세대를 20년으로 잡고 그렇게 한 500년, 25대조 조상님만 따져 봐도 '나'라는 사람 한 명의 존재는 2의 25제곱, 그러니까 3355만 4432명의 인연이 이룬 결과물이다. 묻는다. 우리는 이들 조상님의 혈통을 모두 '조선'으로 확신할 수 있을까? 확신한다고? 그 사이의 전란과 이동과 운명과 기적을 정말 전부 다? 그렇다 치자. 그럼, 그 이전의 500년은 또 어떻게 할 것인가? 또 그 이전의 500년은? 순수한 혈통에 대한 우리의 믿음은 부질없는 것이 아닐까? 더구나 '뼈대'의 근거로 받들어지는 족보는 그 모든 진위 논란을 밀어 둔다 해도, 결국 남자들만의 기록일 뿐이지 않은가. 그리 길지도 않은 기간에 여성의 존재를 지운 그 기록이 과연 순수한 혈통의 증거가 될 수 있을까?

근대에 이루어졌던 그 모든 인종 학살을 기억하라. 순결한 혈통에 대한 집착과 결벽이 독선과 맹신과 광기로 흐를 때, 우리에게 돌아올 것은 가혹한 불행뿐이다. 그에 대한 집착이 더해 갈수록 순수하지 못한 혈통에 대한 배타도 더해 갈 것이기 때문이다. 결국 그것은 '혈통'을 넘어 나와 다른 모든 '차이'에 대한 배타로 굳어질 것이다.

영화 안에서 남편 귀도와 아들 조슈아를 찾아 나선 도나는 이들이 수용소행 기차에 오른 것을 확인하고 독일군 수송 장교에게 착오가 있다고 말한다. 장교는 유태인 명단을 확인하며 착오가 없다고 답한다. 도나는 자신도 기차에 타겠다고 말한다. 위협하듯 돌아가라며 명령하는 장교. 한 번 더 분노를 담아 기차에 타겠다는 도나의 말에 장교는 차가운 눈빛으로 그녀를 노려본다. 그리고 놀랍게도, 기차를 세우고 그녀를 태운다. 그녀는 유태인이 아니었음에도 불구하고.

그러니까 문제는 혈통이 아니었다. 그녀가 감히 독일군 장교의 명령에 저항했다는 것이 문제였다. 나치 독일의 인종주의자들이 몰두했던 '순수'란 결국 '순종'이었을 뿐, 그들의 명령에 순종하지 않는 모든 '차이'는 죽음을 선언하기에도 충분한 '차별'의 근거였던 것이다.

21세기 대한민국은 어떠한가? 오늘날 '차이'에 대한 우리의 태도는 '차별'로부터 얼마나 멀리 있는가? 학생들이 고요하다. 몇몇 학생들이 '저희는 정말 그런 생각 없어요.'라고 말하듯이 영화 〈슈렉〉에 등장했던 고양이의 눈망울을 보인다. 이런, 다시군 너무 비장했군. 물론 그렇지. 여러분의 선의를 인정한다. 그러나 다시군, 잠시 멈춰 숨을 고르고 한 번 더 이야기를 밀고 나간다. 그런데 과연 우리는 인종주의로부터 결백한가?

신문 기사를 하나 읽는다. 8월 즈음이면 한·중·일 각국의 주요 포털과 국가 사이트에 해마다 반복되는 욕설 테러들 — 각국의 욕이 총동원되는 살벌한 언어의 전쟁을 우려하는 기사이다. 독도를 비롯한 각국의 경계를 놓고 벌어지는 그 거친 감정의 배설들을 기사는 '사이버 민족주의' 혹은 '넷셔널리즘'이라 명명하며 분석하고 있었다.

이러한 댓글 싸움에 한 번이라도 동참해 본 학생들을 확인했다. 적지 않다. 그 마음에서 한 발 물러나 우리를 돌아본다. 지금 우리가 분노해야 할 것은 무엇인가? 그 분노의 방식은 어떠해야 하는가? 그리고 우석훈 선생님의 《촌놈들의 제국주의》 일부를 읽는다.

한·중·일은 수없이 많은 전쟁으로 얽혀 있는 나라이고, 세계에서 가장 자원 확보 전쟁이 치열한 나라이며, 때문에 현재 세계에서 대규모 국가 전의 가능성이 가장 높은 지역이다. 지금 유지되고 있는 평화는 소중하지만, 이것이 이삼십 년 후에도 유지될 것이라는 보장은 없다. 그것은 지금의 십대, 이십대들의 몫일 테다. 그들이 위대한 선택의 순간에 전쟁, 전쟁, 전쟁을 외친다면 우리는 전쟁의 나락으로 빠져들 것이다. 그러나 그 순간에 모두가 한 목소리로 평화, 평화, 평화를 외친다면, 우리는 인류 최악의 범죄를 또 한 번 저지르는 위험에서 벗어날 수 있을 것이다.

— 우석훈, 《촌놈들의 제국주의》, 개마고원

'인간이 저지르는 가장 멍청하고 저열하며 비열한 범죄인 전쟁으로부터 모두가 영원히 벗어나길 간절히 바란다.'라는 말로 수업의 한 매듭을 지으려는데, 또 학생들이 두 눈을 부릅뜨고 고요하다. 아 이런, 또 비장했군. 지나친 비장은 결코 장하지 못한데. 부족한 명랑을 탓하며 다시군, 마지막 질문은 명랑하게 던져 본다.

전쟁이라는 참혹한 시공간에서도 우리의 인생은 과연 아름다울 수 있을까? 아름다운 인생이란 어떻게 가능한가?

#4_ 인생에 대한 두 가지 태도, 비관과 낙관

영화를 보고 난 직후 학생들 앞에 섰을 때다. 뭔가 아쉽고 또 뭔가 불만스런 표정, 내내 맛있게 밥 먹다 '우직' 큰 돌을 씹은 표정의 학생들이 더러 보인다. 그래, 그럴 테지. 근육질 액션 스타들의 화려한 위기 탈출에 익숙한 친구들에게 이렇게 허망하게 이렇게 한참 웃다가 순간에 끝나는 이야기가 바로 전해지기란 쉬운 일이 아닐 테다. 천천히 이야기한다.

자신의 머리 뒤에 총이 겨눠진 상황, 평생 변변한 싸움 한번 해 본 적 없는 평범한 아저씨. 당연히 그 어느 대단하다는 격투가의 화려한 근력이 그에게 있을 리 없다. 그러나 그 어느 대단하다는 격투가가 그처럼 해낼 수 있을까? 죽음을 눈앞에 둔 순간에 우스꽝스런 병정놀이 걸음을 천연덕스럽게 해낼 수 있는 그 마음, 그것은 어떻게 가능했던 것일까?

그런데 돌아보면, 수용소에 끌려오기 이전부터 그는 남달랐다. 도시에 막 상경해 웨이터로 사는 귀도에 비해 그가 사랑한 여인 도나는 번듯한 초등학교 교사이자 시청의 세력 있는 공무원의 약혼자였으며 대저택을 소유한 대단한 가문의 외동딸이었다. 그뿐인가? 귀도가 그녀와 정식으로 이야기를 나누던 때에 하늘에서는 폭우가 내렸으며 자동차는 고장 나고 그녀의 옷은 찢어졌다. 무엇보다 그 낭만적인 순간에 그는 그녀가 감히 넘보기 어려운 상류층의 사람이란 것을 알게 되었다. 소개팅 나갔다가 맘에 드는 여인을 만났는데 그녀가 글쎄 대기업 회장님의 저택 앞에서 "이게 우리 집!"이라고 하는 상황 아닌가. 그런데 그때에 귀도가 한 말이란 그 저택 앞에 서점을 열고 싶다는 것이었다. 왜냐고 묻는 그녀에게 귀도가 답한다.

"그럼 당신 얼굴을 매일 볼 수 있잖아요."

대체 그런 순간에, 어떻게 감히 그는 그녀에게 사랑을 고백할 수 있는가? 그것은 대체 어떻게 가능한 것일까?

우리가 기억해야 할 한마디는 이것이다.

'이성으로 비관하되 의지로 낙관하라.'

귀도는 세상이 어찌 되든 꽃 한 송이면 행복한 바보가 아니었다. 그의 꿈은 서점을 내는 것이었고, 그 꿈을 위한 계획에 골몰했으며, 세상의 절차와 권세와 정치에 대해 잘 알고 있었다. 더욱 흉악해져 가는 세상 속에 가까스로 자신의 행복을 이어 가던 그는 결국 유태인 수용소(사람으로 비누와 단추를 만드는 곳)에까지 이르게 된다. 너무도 참혹하여 비관적인 상황, 그러나 그는 불행할 수 없었다. 지금, 여기, 사랑하는 아들과 아내와의 하루가 행복해야 했기 때문이다.

그 비장하되 명랑한 의지가 모든 불행의 조건을 행복의 소품으로 만들어 버렸다. 쏟아진 비도, 고장 난 자동차도, 찢어진 옷도, 신분의 차이도, 그리고 그 가혹한 수용소의 처지도 그랬다. 그리하여 마침내 그의 의지가 현실을 압도했다.

수용소에 함께 수감된 아들 조슈아에게 귀도는 이곳이 거대한 캠프장이며, 이곳에 온 모두가 게임을 하고 있고, 1000점을 먼저 따면 탱크를 상품으로 받는다고 말한다. 그 거짓말이, 들어간 이들은 누구도 돌아오지 못한 샤워실 곁에서, 그의 아들을 밝게 뛰어 놀게 했다. 그 거짓말을 지키기 위해 아버지의 육신과 영혼은 더욱 피로해져 갔으나 멈출 수 없었다. 자신의 피로보다 아들의 웃음이 그에게는 먼저였기 때문이다. 마지막으로 독일군에게 끌려가는 순간(죽음에 직면한 공포의 순간)에조차 그에게 우선이었던 것은 아들이었다. 자신의 겁먹은 모습을 보고 아들이 숨은 곳에서 뛰어나올까 걱정했던 그는 아들의 목숨과 영혼을 모두 지키기 위해, 걷는다. 웃으면서. 아들에게 이미 익숙한 우스꽝스런 병정놀이의 걸음으로. 그는 그렇게 처형장으로 끌려간다. 곧이어 들리는 기관총 소리. 그렇게 그는 죽었다. 그러나 그들은 승리했다.

"우리가 이겼어!"

미군 병사의 도움으로 미군 탱크를 타고 수용소를 벗어나다 우연히 엄마 도나를 만난 그의 아들 조슈아가 기쁨의 탄성으로 소리쳤다. 조슈아는 자신과 아빠가 캠프장의 게임에서 이겨 탱크를 선물받은 것이라 여긴 것이다.

그랬다. 그들이 이겼다. 인종 대학살이라는 참혹한 불행도 한 소년의 웃음을 앗아 가지 못했다. 그 웃음을 끝까지 지켜 주고자 했던 한 아빠의 의지를 부수지 못했다. 무엇보다, 한 남자가 자신의 인생을 아름답게 만드는 것을 결코 막지 못했다. 그 가공할 폭력과의 싸움에서 이 남자는 인생의 아름다움을 결국 지켜 낸 것이다.

다음은 알랭의 《행복론》을 비판하는 학생 A의 주장이다. 알랭의 관점에서 〈인생은 아름다워〉 중 3가지 장면과 자신의 경험을 근거로 학생 A를 설득하시오.

> **학생 A** 알랭은 사람들이 각자 처한 조건을 완전히 무시하고 있어. 돈 있고 집 있고 배부른 사람은 빗소리를 들으며 낭만적인 몽상에 좋아할 수 있겠지. 혹은 몇 날 며칠 비가 안 오는 때에는, 또 자신의 멋지고 비싼 옷을 가볍게 입고 나갈 좋은 날씨라고 말할 거야. 하지만 가난한 농부들의 입장에 있어 봐. 그들에게 비는 그 자체로 농작물에 대한 걱정일 수 있고, 내리쬐는 태양은 가뭄에 대한 근심일 수 있어. 날이 갈수록 고통이 더해지는 상황에서 단지 집 안에서 웃는다고 그들의 상황이 나아지나? 가만히 앉아 있어도 행복해질 수 있는 것은 가진 것이 많은 사람들일 뿐이야. 무작정 긍정적인 생각만 한다고 해서 행복해지리라 생각하는 것은 가난한 사람들에게는 희망고문일 뿐이야.

학생들이 알랭의 《행복론》과 함께 로베르토 베니니 감독의 〈인생은 아름다워〉를 다시 살피며 자기 삶에 대한 태도를 돌아보았으면 하는 마음으로 만든 글쓰기 주제이다. 비장함과 명랑함을 극적으로 넘나드는 재미가 대단한 영화라 학생들이 글쓰기에 쉽게 몰입했다.

이를 통해 다시군이 학생들과 함께 고민하고 싶은 것은 한 '능력'이었다. 귀도에게는 돈도, 빽도, 힘도, 학력도, 세상 사람들이 대단하다 여기는 어떠한 것도 없었다. 하지만 그에게는 매우 멋진 능력이 있었다. 바로 '인생을 아름답게 만드는 능력(삶에서 행복을 발견하고 행복할 기회를 찾고 그렇게 발견한 행복의 순간들을 넘치는 아름다움으로 풍요롭게 가꾸는 능력)' 말이다. 그는 진정 훌륭한 아빠이며 어른이었다. 우리는 어떻게 해야 그런 아빠와 어른이 될 수 있을까?

먼저 비장해야 할 것이다. 이 거친 세상에서 행복하기를 원하는 이들이 감당해야 할 피로와 고통은 결코 적지 않기 때문이다. 더욱이 그 행복이 제 자식과 가족을 넘어 이웃과 세상을 향하는 것이라면, 그러니까 진짜 '어른'으로서의 행복이라면, 그 피로와 고통은 더욱 거세질 것이다. 우리 사는 세상은 아직 자기 것을 더 가지기 위해 남의 삶 따위 아랑곳하지 않는 이들이 훨씬 더 큰 권세를 쥐고 있기 때문이다. 너무도 비관적인, 그래서 더 비장할 수밖에 없는 상황.

그러나 그렇기 때문에 우리는 더욱 명랑해야 한다. 우리가 바라는 것은 결국 행복이기 때문이다. 이 거친 세상에서 사람으로 살려는 이에게 비장은 자연스런 일이지만, 그것만으로 우리 삶이 저절로 행복해지지는 않는다. 명랑이 우리에게 필요한 이유이다. 비장을 알고 있는 이들에게야말로 더더욱 명랑은 필요하다. 명랑, 그것은 내일 더 행복하기 위해 오늘 꼭 행복하겠다는 의지이며 실천이기 때문이다. 비장하되 명랑하기. 이를 우리 삶 속에 이루어 갈 때 우리 인생은 더욱 아름다워질 것이다.

김지씨와 다시군의
갑론을박 영화 이야기

렛 미 인

매트 리브스 감독의 〈렛 미 인〉(2010)은 학교 폭력으로 고통 받고 부모의 갈등으로 고립된 한 소년과 그 옆집으로 이사 온 한 소녀의 사랑 이야기를 담은 영화이다. 그런데 이 영화를 놓고 김지씨와 다시군의 해석이 극명하게 갈렸다. 이 영화를 촘촘하게 수놓고 있는 수많은 장치와 대사에 대한 의미 해석이 달랐던 것이다. 어느 한 사람의 해석을 선택해서 보여 주기 힘들 정도로 차이가 있었기에 이 영화를 놓고 김지씨와 다시군이 썼던 글과 나눈 대화를 재구성해서 보여 주고자 한다. 그 과정 속에서 영화가 담고 있는 의미가 도드라질 것 같았기 때문이다.

물론 어느 쪽이 맞는지는 알 수 없고 어쩌면 두 사람의 이야기가 다 틀렸을 수도 있다. 결국 해석은 각자의 몫인 셈이다. 그렇기에 이 글이 의도하는 바는 '해석은 독자의 몫'이라는 오랜 경구를 다시 한 번 확인하고, 또한 교실에서는 '해석은 교사와 학생의 몫'이라는 당연한 사실을 확인하는 데 있다.

#1_ 왜 하필 레이건인가?

김지씨 어이! 다시군. 수정한 글을 봤는데, 아무리 봐도 내가 동의하지 못할 부분이 많아. 아니, 내가 동의하지 못하겠다고 한 부분들이 수정이 전혀 안 되어 있던데.

다시군 당신이 보내 준 글을 꼼꼼히 읽고, 나름대로 내 글 안에 녹여 내려고 무진 애를 썼는데, 시각차가 너무 커서 쉽게 녹여 낼 수 없었어. 그래서 그냥 내 글로 가기로 한 거야.

김지씨 난 당신의 해석이 그리 맘에 들지 않아…… 좀 심하게 말
      하면 '오독'이라는 생각마저 드는데.

다시군 오독? 아니, 내 해석이 어째서 오독이라는 건지 이해할 수
      가 없는데. 오히려 당신 해석이 더 오독에 가깝지 않나?

김지씨 뭐라고? 길 가는 사람들에게 물어봐. 아니, 그럴 것도 없
      어. 인터넷에 사람들이 올려 놓은 작품 해석들을 보라고.
      당신 해석이 얼마나 이상한지 금방 알게 될 거야.

다시군 뭔 소리야. 이성과 논리로 영화를 읽어 내자더니, 웬 길
      가는 사람? '12명의 성난 사람들'이 분노할 만한 말이군.

김지씨 그 말은 취소. 하지만 당신 해석은 적절치 않으니까 다시
      좀 생각해 보라구. 특히 '에비'에 대한 해석이 정말…….

다시군 '에비'에 대한 해석이 뭐 어때서. 난 영화의 장면들이 이야
      기하는 바를 정확하게 읽어 냈다고 생각해.

김지씨 아니, '에비'를 '레이건'으로 보는 건 지나친 해석 아닌가?

다시군 뭘 모르는 소리 그만하시지. 자, 그러면 내가 이 영화에
      대해 이야기한 것을 한번 차근차근 짚어 보자구.

    1983년 미국의 뉴멕시코주 로스앨러모스. 눈 내리는 숲 사이를
달리는 경찰차와 응급차를 내려다보며 영화는 시작한다. 50대 후반
신원 미상의 남성이 살인을 저지르고 위독한 상태로 체포되었다. 병
원에 도착하여 응급 처치를 마치고 겨우 생명을 유지한 그에게 형사
가 찾아온다. 배후와 목적을 밝히라는 취조를 할 때 병원 안내실에
서 형사를 찾는 전화가 오고, 그가 자리를 비운 사이 범인은 한 장
의 메모를 남기고 10층의 병실에서 창밖으로 떨어져 목숨을 잃는다.

그가 마지막으로 남긴 메모는, I'm sorry Abby. 난감해하는 형사의 얼굴 위로 마침 병원의 TV에서 연설 중인 레이건의 영상이 겹친다. 영화를 다 본 후 학생들을 돌아본다. 웅성웅성 뭔가 알 듯 모를 듯 한 표정의 학생들. 이 영화, 무슨 이야기를 하려는 것일까?

이쯤에서 학생들을 정말 어리둥절하게 했던 질문을 나눈다.

이 영화에 미국 대통령 로널드 레이건은 왜 이리 자주 등장하는가?

병원을 배경으로 하는 장면마다 리브스 감독은 TV를 배치해 놓고 레이건 대통령의 연설 장면을 보여 준다. 인자하고 아름다운 노년의 외모를 지닌 그가 미국인 모두를 위하는 표정으로 말한다.

"이 세상에는 너무나 많은 악이 있습니다. 우리는 그것을 물리쳐야 합니다."

대체 감독은 왜 그랬을까? 학생들의 호기심 어린 눈빛을 모아 이 장면을 다시 본다. 에비가 병원을 찾는 장면이다.

영상에는 어두운 바깥에서 병원의 안내 데스크로 에비가 천천히 걸어오는데, 마침 중앙 홀의 한편에 있던 TV의 소리가 겹친다.

"신사 숙녀 여러분. 미합중국의 대통령, 로널드 레이건입니다."

흡혈귀 소녀 에비의 입장을 보여 주는 영상과 레이건의 등장을 들려주는 음성의 겹침. 대체 감독은 왜 이런 배치를 한 것일까?

"발표할 사람?"

"혹시…… 어, 그러니까 레이건 대통령하고 에비가 같은 사람이라는 것을 말하려고 하는 게 아닐까요?"

그렇다. 그것이 매트 리브스 감독의 의도일 것이다. 한 편의 영화

에비의 모습과 레이건의 연설이 겹치는 장면

에서 이토록 집요한 반복은 감독의 메시지라 하지 않았던가. 굳이 레이건 대통령의 영상을 영화의 곳곳에 남기고, 에비의 등장과 겹치게 했다면 에비는 레이건 대통령의 은유라 할 수 있을 것이다.

그래도 질문은 남는다.

'에비와 레이건 대통령. 그들은 왜 같은가?'

질문은 여기까지. 영화 안에 레이건 대통령에 대한 설명은 어디에도 없기 때문이다. 학생들에게 이야기를 해석할 정보가 없는 상황. 당황하지 말자. 우리는 스마트한 사람들이니까.

"애들아, 핸드폰 꺼내라."

"예? 수업 시간인데 벌점 없어요?"

"녀석들, 맨날 게임기로만 쓰는 그 스마트폰 정말 스마트하게 한번 써 보자. 모둠별로 당장 레이건 대통령에 대한 정보를 검색하고 그중에서 이 질문의 맥락에 맞는 자료를 찾아보자."

먼저 찾는 모둠에게 초코파이를 바친다고 하니 순식간에 열중하는 학생들. 학생들이 찾은 자료를 서로 나눈 후 다시군이 준비한 자료를 전한다.

1981년 1월 영화배우 출신인 로널드 레이건은 미국 역사상 최고령인 70세의 나이에 미국의 제40대 대통령에 취임했다. (중략) 레이건 임기 동안 미국의 국가 부채 규모는 9000억 달러에서 2조 9000억 달러로 3배 이상 늘어났고 이로 인해 레이건은 오늘날 골칫거리로 지목되는 정부의 국가 부채를 키운 장본인으로 지목된다. 막대한 무역 적자와 재정 적자가 함께 누적되는 '쌍둥이 적자'도 이때 시작됐다. 또 부유층을 위주로 한 감세 정책으로 빈부 격차를 확대시키며 사회 양극화를 초래했다. 레이건의 임기 초 미국 순재산의 8%를 갖고 있던 최상위 1% 부자의 재산이 임기 말에는 12%로 늘어난 반면 복지 예산 삭감으로 많은 중산층이 빈곤층으로 전락했다.

— 경향신문(2011년 2월 7일자)

1980년대 레이건 정부는 신자유주의 정책을 집행한다. 시장 규제와 복지 정책을 축소하고, '보이지 않는 손'에 의한 시장의 결정을 최대한 보장하자는 것이 신자유주의 경제 정책의 기본 방향이다. 그러면서도 레이건 정부는 적대국인 소련으로부터 안전을 지킬 수 있는 강한 미국을 만들기 위해 군사비 지출을 늘린다.

그 결과는 참혹했다. 레이건 대통령 재임 기간 동안 미국 상위 1퍼센트의 소득은 절반 이상 증가했으나, 미국의 빚 또한 3배 이상 증가했다. 무너진 복지 제도는 최소한의 건강 보험조차 들지 못해 잘리고 베인 상처를 스스로 꿰매는 미국인이 4000만 명이 넘게 하였고, 미국인들의 개인 파산 신청의 64퍼센트가 의료비 때문인 세상을 만들었다. 어찌 이런 흉악무도한 일이 벌어졌단 말인가? 그런데 대체, 그것이 이 영화와 무슨 상관이란 말인가?

레이건 대통령, 그가 에비이다. 신자유주의의 집행자들, 그들이 흡혈귀이다. 만백성의 피와 기름으로 술과 고기를 제 맘껏 먹다 처단당한 변 사또에 비할 수 없이, 저들은 거대한 규모로 미국인의 삶을 먹어 버린 것이다.

처음에 저들은 아름다운 외모와 언어로 미국인들에게 다가왔다. 강력한 힘을 보이며 저들은 외부의 적(소련)으로부터 미국인들을 지켜 주었다. 미국인들은 자신이 저들로부터 깊이 사랑받고 있다고 여겼으리라. 그래서 기꺼이 자신들이 구한 '피(돈)'를 바쳤다. '돈'이란 자본주의 경제의 '피'가 아니던가. 돈을 구하기 위해 그들은 타인과 다름없는 타국들을 하나하나 해치웠다. 쉽지 않았고 비윤리적이었으나 그들은 엄청난 돈을 거둬들였다. 그러나 불행하게도(아니, 당연하게도) 저들의 갈증은 더해졌다. 돈을 구하는 일이 예전 같지 않았다. 저들은 여전히 아름답고 강력한데, 미국인들의 삶은 나날이 메말라 간다. 어쩐지 이제 늙고 지친 것 같다. 그러다 문득 돌아보니 목덜미가 섬뜩하다. 이런 세상에! 언제부터였을까? 미국인들의 돈이, 미국인들의 피가, 미국인들의 삶이 먹히고 있었던 것은.

이 공포스러운 인식이 미국인들에게 확산된 것은 2008년 미국의 금융 공황 때문이었다. 그것은 자본의 투기를 투자로 치장해 주며 자본에게 자유를 몰아 준 신자유주의 경제의 필연적인 결과였다. 생산 자본과 유통 자본이라는 경제의 중요한 두 축을 매개하며 조정하던 금융 자본이 신자유주의 이후 미국 경제의 중심으로 나섰다. 문제는 금융 자본이 생산하고 유통하는 것이 '물건'이 아니라 '믿음'이었다는 것이다. 돈을 내면 돈을 더 벌 수 있다는 '믿음'. 이 믿음에 가격을 매겨 파는 금융 상품의 가치가 부동산 거품의 붕괴와 함께 폭락하면서 미국 중산층의 몰락이라는 참혹한 결과를 가져왔다.

월스트리트는 미국 금융 경제의 중심지이다. 어디선가 이러한 상황을 예측하고 조정해야 한다면 그곳은 월스트리트여야 했다. 그러나 월스트리트는 이미 돈을 위해서라면 타인의 삶이나 목숨 따위 아무렇지 않은 흡혈귀들의 아수라장이었다. 2008년 금융 공황으로 많은 사람이 실업으로, 파산으로 자기 삶이 부서져 나가는 것을 넋 놓고 지켜보아야만 하는 상황을 만들어 놓고도 신자유주의 금융 회사의 수장들은 수십억의 보너스를 받아 갔다. 월스트리트는 신자유주의 금융 자본가들이 돈을 흡입해 가는 처참한 곳이었다. 미국 경제의 대동맥이 관통하는 월스트리트. 이 목덜미를 어찌할 것인가?

김지씨　아니. 뜬금없이 에비를 레이건과 같은 위치에 놓는 것은 좀 아닌 것 같은데. 너무 오버한 것 아냐?

다시군　무슨 소리! 당신이 갑자기 질문을 던지니까 먼저 이야기한 거지. 사실은 다 맥락이 있는 거라구. 내가 에비를 레이건에 비유할 정도로 그렇게 비판적으로 해석한 것은 바로 에비와 함께 다니는 늙은 남자의 모습을 주목했기 때문이야. 에비와 이 늙은 남자의 관계는 지독하게도 일방적인 관계거든. 일방적이고도 비합리적인. 그래서 난 이 둘의 관계에 대해 이렇게 썼다구.

앞의 질문에 답하기 위해 먼저 살펴야 할 사람은 에비와 함께 온 늙은 사내이다. 그는 지난 수십 년간 위험을 무릅쓰고 에비를 위해 피를 마련해 왔다. 지독히 위험하고 이기적이며 비윤리적인 일이었으나 그에게는 오직 에비와 함께하는 삶만이 중요했다.

이제 늙고 지쳐 그러한 일들에 고단함을 느끼고 있는 상황. 그러나 그녀와 함께 살기 위해서는 여전히 피가 필요했다. 늙고 지친 몸을 이끌고 다시 어둠 속을 배회하며 살인을 하던 사내는 예기치 않은 자동차 사고를 내고 도저히 빠져나갈 수 없는 상황이 되자 자신의 손과 얼굴을 염산으로 망가뜨린다. 자신을 알아볼 수 없게 하기 위해서였다. 병원에서 가까스로 목숨을 건진 그에게 에비가 찾아온다. 그런데 놀랍게도 늙은 사내는 에비에게 자신의 목을 내밀며 피를 바치고 죽음을 맞는다. 대체 이 사내는 누구일까? 누구이기에 그 피로와 고통과 죽음을 기꺼이 감수하는가? 그는 대체 에비와 어떤 관계일까? 오웬의 생각대로, 그는 에비의 아빠였을까?

사진 한 장이 두 사람의 관계를 알려 주었다. 오웬이 에비의 정체를 알고 그녀의 집을 찾아갔던 때였다. 에비와 대화를 나누던 오웬은 탁자 위에서 오래된 흑백 사진을 발견한다. 사진 속에는 지금과 다름없이 아름다운 소녀 에비와 커다란 안경을 쓴 한 소년이 나란히 있었다. 사진 속의 소년을 보다 문득 놀라는 오웬. 그랬다. 소년은 늙은 사내였다. 마지막까지 그녀를 위해 살았던 사내. 자신의 피와 목숨까지 그녀를 위해 바친 이 늙은 사내는 에비의 연인이었던 것이다.

그 또한 분명히 에비를 사랑했으리라. 그녀와 함께하는 삶을 위해 지독하게 살아왔으니까. 그러나 다시 문제는 에비이다. 진정 에비는 이 늙은 소년을 사랑했을까?

우리가 아직 알지 못하는 것을 알아내기 위해, 우리가 이미 알고 있는 것들을 정리해 본다. 에비는 인간을 초월하는 무시무시한 괴력이 있으며, 하늘을 날 수 있고, 피만 있다면 영원히 열두 살의 모습으로 살 수 있다. 그러나 그녀는 햇빛에 닿으면 몸이 불타고, 피를 보면 몸이 흡혈귀로 변하는, 그녀도 어쩌지 못하는 몸의 생리가 있다. 그로 인해 쉽게 해결할 수 없는 생존과 생활의 문제가 그녀에게는 있었다. 에비는 이것을 어떻게 해결해 왔을까?

그것은 바로 늙은 소년이었다. 에비의 생존과 생활에 늙은 소년의 사랑은 아주 유용했다. 이 부분에서, 학생들의 원성이 들린다.

"에비는 어쩔 수 없는 상황이잖아요. 그 남자를 사랑했지만 함께 살기 위해 어쩔 수 없이 그렇게 한 거라구요. 그리고 사랑은 변할 수도 있잖아요? 에비는 불행한 운명에 놓인 불쌍한 소녀라구요."

그녀의 불행을 이해한다. 그러나 침착하자. 우리가 지금 이야기하려는 것은 열두 살 철없는 소녀의 천진한 삶이 아니라, 적어도 50여 년이 넘도록 사람을 먹이로 삼아 온 존재가 인간의 사랑을 대하는 방식에 대한 것이다. 이 고민이 사랑에 대한 성찰로 나아가길 바라며 영화의 한 장면을 다시 본다.

오웬의 옆집으로 이사를 온 다음 날, 에비는 피를 구해 오는 데 실패한 늙은 사내를 무섭게 질책하고 협박하며 다시 밖으로 몰아낸다. 또 그가 다시 피를 구하기 위해 위험한 작업을 준비하다 오웬과 만나지 말 것을 부탁했을 때, 그녀는 그를 차갑게 외면한다. 그리고 병원에서 늙은 사내가 자신의 목을 그녀에게 내밀었을 때, 그의 피를 마시고 그의 죽음을 지켜본 에비가 한 일은 밤하늘을 날아 새로운 소년 오웬을 만나러 가는 것이었다.

에비는 왜 그를 먹었을까? 과연 에비는 늙은 소년이 평생에 걸쳐 그녀에게 해 온 만큼, 그와 함께하는 삶을 위해 지독한 노력을 해 왔을까? 자신의 생존을 위해 상대를 질책하고, 협박하고, 몰아내고, 끝내 외면하는 것을 우리는 사랑이라 부를 수 있을까? 자신을 위해 상대를 수단으로 이용하는 것을 사랑이라 부를 수 있을까?

그것은 사랑이 아니다. 사랑이란 대상을 수단으로 여기는 것이 아니라 그 자체를 목적으로 여기는 것이다. 사랑이란 내가 사랑하는 '너'라는 목적을 위해 다른 것을 수단으로 여기는 것이다. 택시비로 내 한 달 용돈 10만 원을 써야 하는 것은 중요하지 않다. 내가 사랑하는 당신이 이 밤에 내 얼굴을 보기를 원한다면, 당신을 사랑하는 내가 이 밤에 당신의 숨결을 느끼고 싶다면, 내 한 달 용돈 10만 원은 그 목적을 이루는 요긴한 수단일 뿐인 것이다.

그런 의미에서, 에비는 늙은 소년을 사랑하지 않았다. 적어도 늙은 소년의 목을 물어뜯은 그날 밤, 에비에게 늙은 소년은 기꺼이 순종하며 자신의 목숨까지도 바치는 먹이였을 뿐이다.

그렇다면 늙은 소년을 처음 만났을 때, 에비는 늙은 소년을 사랑했을까? 알 수 없다. 이 영화에는 늙은 소년에 대한 에비의 사랑을 확신할 어떠한 장면도 없기 때문이다. 그럼 질문을 바꿔 보자.

'만일 사랑이 아니라면, 에비가 늙은 사내와 함께 살아온 이유는 무엇일까? 만일 사랑이 아니라면, 에비가 새로운 소년 오웬과 함께 떠나려고 하는 이유는 무엇일까?'

우리 중 누구도 에비의 마음을 단정할 수는 없지만, 감독이 예측하는 이들의 미래는 짐작할 수 있다. 이 영화에서 기묘하게 자주 나오는 노래를 떠올려 보자.

먹을 만큼 먹고 나중에 먹게 남겨 두자.

맛이 좀 이상할 수도 있네.

이 잘라 놓은 것들을 봐. 정말 맛있구나.

먹을 만큼 먹고 나중에 먹게 남겨 두자.

오웬이 좋아하는 사탕 광고에 나오는 노래이다. 오웬이 놀이터에서 홀로 사탕을 먹을 때 오웬의 입에서 흘러나온 이 노래. 에비가 늙은 연인이 체포되어 호송 중이라는 긴급 속보를 듣고 난 후에 라디오에서 흘러나온 이 노래. 오웬이 커다란 트렁크에 에비를 담아 기차를 타고 마을을 떠날 때 오웬의 입에서 다시 흘러나오는 이 노래.

한 편의 영화에서 이렇게 집요한 반복은 감독의 메시지라고 했다. 먹을 만큼 먹고 나중에 먹게 남겨 두는 그것은 오웬에게는 분명 사탕일 것이다. 그러나 문제는 늘 에비이다. 에비에게 먹을 만큼 먹고 남겨 두었다가 결국 마지막에 먹어 버린 것은 무엇이었는가?

그것은 늙은 소년이었다. 에비에게 닥친 생존과 생활의 곤란을 모두 해결해 주던 한 사람. 그들의 관계가 어떠했다 하더라도, 결국 늙은 소년은 에비에게 먹이였던 것이다. 그런데 이제 그는 없다. 그러나 에비는 살아 있고, 여전히 그런 존재가 필요하다. 이제 누가 그녀의 문제를 해결해 줄 것인가?

그것은 오웬일 것이다. 이미 오웬은 형사의 죽음을 외면한 적이 있다. 그리고 케니 일당과 그의 형이 처참하게 살해된 모습을 보았다. 이제 그의 곁에는 에비밖에 없다. 그가 사랑하는 에비의 생존을 위해 오웬은 그녀를 돕지 않을까? 자신을 위해 사람을 죽인 에비였다. 에비를 위해 사람을 죽이지 못할 이유가 오웬에게 남아 있을까?

에비 또한 자신의 생존을 위해 오웬을 이용할 것이다. 결국 에비는 그의 피를 빨아먹을 것이다. 그녀가 생존을 목적으로 둘 때, 사랑은 수단으로 전락한다. 이 태도를 유지한다면 흡혈귀는 영생을 누릴 수 있다. 그녀도 어쩔 수 없는 흡혈귀의 운명. 자신의 생존을 위해 사랑을 정확히 이용하는 그녀, 타인의 피와 함께 타인의 삶도 먹어 온 그녀. 에비는 흡혈귀인 것이다, 어쩔 수 없는.

#2_ 정말 에비가 레이건인가?

김지씨 그 늙은 남자는 철저히 희생당한 사람이었다?

다시군 어때? 이 영화가 좀 제대로 보이나? 이 영화에 나타난 왜곡된 관계에 좀 더 초점을 맞춰 보면, '에비'가 긍정적인 캐릭터만은 아니란 사실을 잘 알 수 있겠지?

김지씨 당신 해석에 일면 동의해. 특히 에비의 등장과 레이건 연설 장면이 겹치는 것을 정확하게 포착한 눈썰미에는 박수를 보낼 수밖에 없네. 그리고 이 영화가 레이거노믹스로 엉망진창이 된 미국의 경제 상황을 함축하고 있다는 점 또한 나름대로 동의. 하지만 에비에 대한 해석에 있어서는 난 좀 생각이 달라. 에비가 등장할 때 레이건 연설 장면이 나온다고 에비를 레이건으로 보는 건 지나친 해석이 아닌가 싶단 말이지. 그리구 말이야, 그때 나오고 있는 레이건의 연설 내용을 생각해 보면 에비를 레이건과 동일시하는 건 좀 아닌 거 같다구. 그럼 내 해석을 보라구.

미국판 〈렛 미 인〉에는 레이건이 등장한다. 이건 영화를 만든 사람이 의도적으로 집어넣었다고 보는 것 말고는 달리 생각할 여지가 없다. 그렇다면 그 의도가 무엇일지 추측해 봐야 할 텐데, 그 의도를 밝히기 위해서는 일단 레이건이 등장한 장면에 주목할 필요가 있다. 에비의 늙어 버린 남자 친구는 자신의 살인 행각이 발각되자, 자신의 신분과 에비의 정체를 숨기기 위해 자기 몸에 염산을 끼얹는다. 그때 치료를 위해 입원한 병원 응급실에서 레이건의 연설이 TV를 통해 흘러나오는데, 그 장면이 바로 문제의 레이건 등장 장면이다.

주목해야 할 것은 레이건이 연설을 하고 있다는 사실이다. 그 연설은 도대체 무슨 내용일까? 김지씨는 영화를 보다가 레이건의 연설 내용이 자막으로 제대로 번역되어 나오지 않는다는 사실에 짜증이 밀려왔다. 왠지 뭔가 중요한 내용일 것 같은데, 영어 실력이 짧아 도저히 이해할 수 없었다. 절망에 빠져 있을 때쯤, 1983년이라는 시간적 배경을 참고해 관련 자료를 찾는 과정에서 김지씨는 하나의 단서를 발견했다.

1983년 3월 8일 플로리다주에서 열린 기독교 복음주의자들의 모임에서 행한 연설을 통해 레이건은 소련을 '악의 제국'으로 규정짓고, "우리는 하나님의 뜻을 받들어 혼신의 힘을 다해 악과 싸워야 한다."고 주장했다. 두 번째 연설에서 레이건은 소련이 그레나다, 쿠바, 니카라과를 미국 침략의 근거지로 사용하고 있으며, 소련의 이러한 적화 야욕이 중미와 카리브해에서 일어나고 있는 여러 가지 분쟁의 원인이 되고 있다고 주장했다.

— 강준만, 《미국사 산책 11》, 인물과사상사

'레이거노믹스'라고 불리는 공급주의 경제 정책이 실패로 돌아가자 레이건 행정부는 관심을 돌릴 희생양을 찾으려 노력했다. 그 타깃이 바로 공산주의 두목 소련과 소련의 지원을 받아 혁명을 일으켰다고 짐작되는 중남미 사회주의 국가들이었다. 그런데 이런 내용의 연설이 왜 〈렛 미 인〉의 첫머리에 삽입된 것일까?

연설의 주된 내용은 소련을 우두머리로 한 공산주의 진영을 '악의 제국'으로 규정하고, 이 악의 무리를 쫓아내기 위해 최선을 다해야 한다는 것이다. 일종의 신종 매카시즘이랄까. 아무튼 이런 정치적 신념 때문에 레이건 시대에 미국 사회는 이념적으로 점점 보수화되어 갔다. 그렇다면 이 연설이 영화 속에 삽입된 이유는 비교적 명확하지 않을까. 이 영화가 점점 보수 쪽으로 경도되는 미국의 사회상을 바탕으로 깔고 있다는 의도를 알려 주기 위한 것.

이런 해석을 뒷받침이라도 하듯이 감독은 몇 가지 장면을 작품 곳곳에 깔아 둔다. 첫 번째는 학생들이 수업 시작하기 전에 '국기에 대한 맹세'를 외우는 장면이다. 미국의 초·중등학교에서는 지금도 1교시 시작하기 전에 학생들에게 '국기에 대한 맹세'를 외우게 한다고 한다. 전 세계적으로 국기에 대한 맹세가 있는 나라는 그리 많지 않은 것으로 알고 있다. 인터넷을 살펴보니 심지어 한국과 미국만 있다고도 한다. 이 또한 미국에서도 논란의 여지가 많았다고는 하는데, 아무튼 영화 속에 등장한 '국기에 대한 맹세'는 다음과 같은 내용이다.

나는 미합중국의 국기에 대한 충성심은 물론, 국기가 상징하는 하나님의 가호 아래 단일 국가로서 분리될 수 없으며 국민 모두에게 자유와 정의를 주는 공화국에 대한 충성도 아울러 맹세합니다.

김지씨는 미국 영화를 어린 시절부터 상당히 많이 봐 왔지만, 학교가 배경이 되는 영화에서도 학생들이 국기에 대한 맹세를 외우는 장면을 본 적이 없었다. 그렇다면 작품 속에 이 장면을 삽입한 이유가 있을 것이다. 굳이 이유를 짐작해 보자면 앞서 레이건의 연설 장면과 마찬가지로 그 당시 답답한 사회 분위기를 표현하기 위한 영화적 장치라고 판단할 수 있지 않을까?

또 한 가지는 밤늦은 시간에 TV에서 "당신의 아이가 어디 있는지 알고 계십니까?"라는 화면이 나오는 장면이다. 김지씨는 이 장면을 보면서 기억의 저편에 숨어 있던 '유년 시절의 윗목'이 떠올랐다. 밤 9시만 되면 "어린이 여러분! 이제 잠자리에 들 시간입니다."라고 친절하게 나오던 공익 광고 덕분에 어린 김지씨는 〈주말의 명화〉도 못 보고 꼬박꼬박 잠자리에 들어야만 했었기 때문이다. 도대체 9시가 넘으면 왜 아이들은 잠을 자야 했는지, 그리고 9시 이후에 어른들은 무슨 일을 벌이려고 하는 것인지, 어린 김지씨의 입장에서는 궁금하지 않을 수 없었다.

엄혹했던 독재 정권에 대한 기억이라고 해 봤자 국민학교 6학년 때 김지씨를 멘붕에 빠지게 했던 '국민 교육 헌장' 외우기나, 오후 5시(여름엔 6시)에 국기 하강식을 할 때면 축구를 하다가도 운동장 한가운데 멈춰 서서 가까운 국기 쪽을 향해 예를 표해야만 했던 일 정도가 전부인 김지씨조차도 당시에는 왜 그런 말도 안 되는 일을 강요당했던 것인지 이해할 수 없었다. 그런데 일상 속에 녹아 있던 통제 사회의 증거들을 당시 미국 사회에서도 똑같이 찾아낼 수 있다는 점이 놀라웠다.

다시군 그렇다면 에비는 오히려 그 당시 사회의 억압적인 분위기
      의 희생자라는 말인가?

김지씨 그렇지. 에비는 억압하는 주체가 아니라 희생당하는 타자
      에 가깝다는 말이지. 이런 관점에서도 보면 다음과 같은
      해석도 가능할 거야.

그런데 이런 자잘한 몇 개의 장면보다 더욱 꼼꼼히 살펴봐야 할
인물이 있다. 바로 오웬의 어머니이다. (다시군은 오웬의 어머니가 존재감
이 없다고 했다.) 오웬이 받고 있는 여러 가지 고통의 중요한 원인 중 하
나는 어머니의 기독교 근본주의에 근거한 광신적 행위로 인한 억압
이기 때문이다. 어머니는 종교에 지나치게 몰입하여 남편으로부터 버
림 받았으며, 그 반작용으로 오히려 오웬을 끊임없이 자신의 엄격한
종교적 틀 속에 가둬 놓고 있다. 잭나이프로 나무를 찔러 대며 폭언
을 퍼붓는 오웬의 비정상적인 행위는 어머니의 억압적인 양육 방식에
서 기인한 바가 크다고 말해도 그리 틀린 말은 아니라고 생각한다.

오웬은 에비를 만나면서 꽉 막힌 자신의 삶에 돌파구를 발견했다
고 느끼게 된다. 에비는 자신과 유일하게 이야기를 나눌 수 있는 사
람이기 때문이다. 온갖 것들이 금지된 답답한 집구석에서 벗어나 오
웬은 처음으로 자신의 이야기를 제대로 들어 주는 사람을 만나고,
스스로에게 구원이 되어 줄 힘을 얻게 된다. 그런데 문제는 그렇게
만난 인물이 뱀파이어라는 점이다. 십자가로 인해 존재가 소멸되는
뱀파이어는 기독교와는 정반대에 위치한 오래된 상징물이다.

그럼에도 불구하고 오웬은 에비 쪽으로 다가가기를 멈추지 않는
다. 기존의 질서로부터 조금씩 벗어나고 있다는 말인데, 이런 오웬의

이 장면이다. 오웬은 돈을 훔치면서 예수님을 뚫어지게 쳐다본다.

일탈을 상징하는 중요한 장면이 하나 있다. 에비를 위해서 오웬이 어머니의 돈을 훔치는 장면이다. 이 장면에서 예수님은 사진 속에서 오웬의 행위를 처음부터 끝까지 지켜보고 있다.

오웬은 예수님이 쳐다보고 있다는 사실을 알면서도 에비를 위해 돈을 훔친다. 그는 이제 그리스도의 이름으로 쳐 놓은 속박의 굴레를 벗어나 십자가를 거부하는 악의 화신, 뱀파이어 에비에게로 한 걸음 더 다가가게 된 것이다.

그런데 여기서 김지씨는 놀라운 것을 발견했다. 그것은 오웬을 억압하고 있는 광신적 어머니와 사회 전체를 억압의 굴레로 몰아넣는 레이건과의 공통점이다. 이 둘은 모두 하나님의 이름을 빌려 악의 무리를 규정하고, 이를 통해 타자를 속박하고 있으며(이것은 단순한 공통점이 아니다. 실제로 레이건 시대에는 기독교 보수 단체들이 득세했으며, 이 때문에 기독교 근본주의가 큰 힘을 얻게 되었다. 이는 한국에서도 마찬가지였다. 전두환 시대 때, 일요일 아침마다 공중파에서 여의도의 큰목사님께서 설교하는 것을 방영했는데, 그게 왜 공중파에서 가능한 일이었는지 이 맥락에서 추측 가능하다.), 그리고 그들의 반대편에는 절대악으로 상징되는 존재들이 자리 잡고 있다. 이렇게 보면 하나의 비례식이 성립하게 되는데, 그 식은 다음과 같다.

뱀파이어 에비 : 광신도 어머니 = 공산주의자 : 레이건

이렇게 보니 또 다른 의미가 발견된다. '뱀파이어 에비'와 '공산주의자'가 같은 맥락에 놓일 수 있게 된 것이다. '아니, 이게 말이 되냐?'라고 식을 지워 버리려는 차에 번뜩 스치고 지나가는 하나의 깨달음이 있었다. 레이건 같은 보수주의자 입장에서 보면, 공산주의자는 뱀파이어와 같을 수 있겠다는 것이다.

수업 중에 김지씨는 학생들에게 뱀파이어의 특징을 있는 대로 말해 보라는 질문을 던졌다. 학생들은 다양한 답변을 내놓았다. '죽지 않는다, 물면 다른 사람을 뱀파이어로 만든다, 어둠 속에서 활동한다.' 등등. 그런데 이 특징들은 흔히 말하는 '빨갱이'의 속성과 고스란히 일치한다. '어둠 속에서 암약하고, 주변 사람들을 의식화시키면서, 잡아내고 잡아내도 여전히 활동하는 이 사회를 좀먹는 빨갱이들.' 이처럼 '빨갱이(공산주의자)'와 '뱀파이어'는 닮아 있다.

그러면 이제 작품 속에 레이건이 등장한 이유가 어느 정도 설명된 것 같다. 간단히 말해서 레이건은 1983년이라는 역사적 배경이 가지고 있는(기독교 근본주의와 쌍둥이처럼 닮아 있는) 이념적 억압의 상징이라고 볼 수 있다. 영화는 이것 외에도 다양한 장면을 동원해서 정치적 해석 가능성을 열어 두려고 노력하는데, 그 결과 뱀파이어 에비

가 뜬금없이 정치적 맥락을 가지게 된 셈이다. 물론 작품 속 등장인물의 관계를 살펴보았을 때, 이와 같은 의미 부여가 전혀 헛다리 짚기가 아니라는 것도 알게 되었다.

#3_ 진정한 사랑이란?

다시군 뭐라구? 에비가 공산주의자라구? 이거야말로 오버인 것 같은데. 그렇게 강력한 힘을 가진 에비가 일종의 피해자에 불과하다는 이야기인데. 난 거기에 동의할 수 없어. 왜냐하면 에비와 함께 다니는 그 늙은 남자와의 관계를 제대로 짚어 내지 못했기 때문에 그런 해석이 나오는 거라고 생각해.

김지씨 아니 왜 그걸 이해를 못 해? 에비와 오웬은 둘 다 사회로부터 소외된 인물이고, 그 둘 사이에 생겨난 일종의 교감이 사랑이라는 감정으로 발전한 건데.

다시군 정말로 그런 게 사랑이라고 생각해? 진심으로? 오웬 또한 시간이 지나면 그 늙은 남자처럼 되어 버릴 텐데도? 난 그렇게 생각할 수 없어. 이런 관계는 건강한 관계라고 볼 수 없어. 이런 건 사랑이라고 말할 수도 없는 관계야. 일방적인 종속 관계랄까? 그래서 난 학생들에게 이런 질문을 던졌지. "너라면 에비와 사귀겠니? 사귀지 않겠다면 그 이유는 무엇이지?" 이 질문을 던진 후에 다음과 같은 과정으로 수업을 진행해. 내가 쓴 글에 다 나와 있다구.

에비와 오웬, 그리고 늙은 소년의 이야기를 지켜보면서 내내 맴도는 질문을 정리해 보자. 대체 사랑이란 무엇인가?

$$1 + 1 = 1$$
$$1 + 1 = 1 \& 1$$

칠판에 적는다. 이것은 사랑을 정의하는 수식이다. 둘 중 보다 적절한 것은 무엇일까? 모둠별로 토론을 시작한다. 이야기를 시작하지 못하고 머뭇거리는 학생들에게 다가가 말한다.

"너라면 에비와 사귀겠니? 사귀지 않겠다면 그 이유는 무엇이지?"

"여자 친구가 있었거나 언젠가 여자 친구가 있었으면 싶은 사람들이 자기가 생각하는 사랑을 먼저 이야기해 보자."

이렇게 말하면서 등을 살짝 밀어 주면 곧 이야기가 시작되고 이야기의 무게와 달리 금방 왁자한 웅성거림이 번진다. '사랑'이라는 이야기가 가진 힘이리라. 학생들의 발표를 들은 후 글을 한 편 같이 읽는다. 강신주의 《철학, 삶을 만나다》 중에서 〈사랑 그리고 가족 이데올로기〉의 일부분이다.

헤겔은 말합니다. 사랑은 두 사람의 통일이자, 그것에 대한 의식이라고 말입니다. 사랑 속에서 나는 타자와 '하나'라는 전체를 이룹니다. 그리고 나는 그 전체 속의 한 부분으로서의 나 자신을 의식하게 됩니다. 결국 헤겔의 말에 따르면 사랑은 기본적으로 '하나'에 대한 경험이자 의식이라고 할 수 있습니다.

— 강신주, 《철학, 삶을 만나다》, 이학사

다시군은 헤겔이라는 분이 대단한 철학자라는 것을 익히 들어 왔지만, 적어도 '사랑'에 대한 그의 이야기에는 동의하지 못하겠다. 사랑하는 두 사람이 서로를 만나 즐거움을 느낀다 해도, 그 즐거움은 정확히 일치하지 않는다. 나는 너를 통해, 너는 나를 통해 나의 즐거움과 너의 즐거움을 각자 느끼는 것이다. 이것은 내가 너를 통해 즐거움을 누리는 동안, 너는 나를 통해 괴로움을 느낄 수도 있다는 것이다. 더욱이 두 사람의 관계가 동등함을 유지하지 못하고 강력한 힘을 가진 한 사람을 위해 다른 사람의 삶이 고립되고 희생된다면 그것은 더 이상 사랑일 수 없는 것이다.

다시군의 연애 기간 9년과 결혼 생활 7년의 세월을 걸고 장담하건대, 남녀 관계의 8할은 이러한 상태이다. 우리 부부 또한 숱한 시간을 싸움으로 보냈다. 우리는 하나가 아니었고 둘이었다. 그것이 싸움의 근본적인 원인이었다. 나의 기쁨이 늘 그녀의 기쁨인 것은 아니었고, 그녀의 고통이 늘 나의 고통인 것은 아니었다. 그럼에도 우리가 다시 만나 오늘에 이를 수 있었던 것은, 너는 나와 다르다는 것을 서로 인정했기 때문이다. 나와 다른 너를 인정하고 이해하고 받아들이며 존중하려고 애쓴 노력이 우리를 사랑에 이르게 했다. 그 다름을 견디다 같음을 만나 우리가 함께 기뻐한 것은 그저 기적일 뿐이었으나, 그것은 먼저 다름이 있었기에 가능한 것이었다. 그러므로 사랑을 가능하게 하는 것은 먼저 다름이며, 다름에 대한 존중이다.

만일 우리 중 하나가 사랑이라는 명분 아래 강력한 힘으로 상대를 제압하고 상대를 나와 하나가 되게 했다면, 나의 다름을 기준으로 상대의 다름을 모두 제거하여 '하나'를 이루었다면, 그것은 단지 자기만의 사랑에 취해 '하나'라는 환상을 이루고자 하는 강자의 폭력일 뿐이다. 이것은 반대의 경우도 마찬가지이다. 사랑이라는 명분으로 상대의 다름을 기준으로 삼아 나의 다름을 모두 제거하는 것은 폭력에 길들여진 노예의 도취일 뿐, 결코 사랑이 아니다. 무엇보다 상대와 하나가 된다는 것은 근원적으로 불가능하다.

바디우에게 있어 남성과 여성의 경험은 완전히 다른 것이며, 따라서 '하나'로의 통일이란 애초에 불가능한 일입니다. 여성은 생리를 하고 또 임신을 합니다. 이 점은 누구나 알고 있는 사실입니다. 그러나 중요한 것은 어떤 남성도 육체적으로 여성의 이런 경험을 공유할 수 없다는 점입니다. 그는 그녀가 임신했을 때도 그녀의 마음이 어떤 상태에 놓여 있는지 알 수 없습니다. 그러나 바로 이 '하나'로의 통로가 없다는 전제 하에서, 다시 말해 불가피한 '둘'이라는 상황 하에서만 사랑은 사랑으로서의 자신의 힘을 잃지 않을 수 있습니다. 사랑하는 사람들이 상대방에 대한 완전한 인식을 성취한다는 것, 즉 '하나'가 된다는 것은 사실 사랑의 종말에 지나지 않는 것입니다. 바디우에 따르면 '둘'일 수밖에 없는 사랑이 '하나'가 된다는 것은, 사랑하는 두 사람이 가족 논리에 포획되었거나 아니면 상대방을 확실히 알고 있다는 유아론적 착각에 빠져 있는 것을 의미할 뿐입니다. 따라서 바디우가 강조한 '둘'이란 진정한 사랑을 가능하게 해 주는 일종의 공리와도 같은 것입니다.

— 강신주, 《철학, 삶을 만나다》, 이학사

다시군도 바디우의 해석이 더 바르다고 생각한다. 사랑은 하나가 되는 것이라는 생각은 어린아이가 엄마와 자신을 하나로 여기는 것만큼이나 유아론적인 착각일 뿐, 진정 사랑이란 상대와 내가 서로 다른 '둘'이라는 것을 먼저 인정한 후에 가능한 것이다. 그렇게 만나 더 온전한 '둘'-더 온전한 '하나'와 더 온전한 '하나'가 되도록 서로를 위해 자신을 위해 살아갈 때, 그래서 두 사람이 함께 행복을 누리면서도 각자의 행복도 누릴 수 있을 때, 사랑은 완성되는 것이다.

에비를 향한 오웬과 늙은 소년의 마음은 아마도 사랑이었을 것이다. 그들은 에비와 함께하는 삶을 목적으로 삼았기 때문이다. 그러나 그것을 위해 그들은 다른 모든 관계를 버렸고, 에비에게 필요하다면 누구든 죽였고, 그들은 그렇게 더욱 고립되었다. 그 고립 속에서, 늙은 소년과 오웬은 아마도 에비와 하나가 되었다고 여겼으리라. 오직 한 사람의 삶을 위해 자신의 삶을 일방적으로 희생했음에도.

그러나 그것은 사랑이 아니다. 좀 더 정확히 말해, 그들의 사랑은 시작되었으나 성숙하지 못했다. 성숙하지 못한 사람이 사랑을 파괴하듯이, 성숙하지 못한 사랑도 사람을 파괴한다. 성숙하지 못한 사랑은 그 자체로 공포일 수 있음을 이 영화는 보여 주고 있는 것이다.

사랑의 시작과 성숙에 대해 학생들이 스스로 생각하고 말하고 싸우고 고민하며 글을 쓰는 시간을 만들고 싶었다. 그래서 다시군이 학생들과 나누었던 글쓰기 주제는 다음과 같다.

'영화 〈렛 미 인〉의 두 인물 오웬과 늙은 사내가 에비에게 품은 마음은 사랑인가?'에 대하여 자신의 의견을 쓰되, 다음의 조건을 따르시오.
① 영화 속 구체적인 장면 3개를 근거로 들어 쓰시오.
② 강신주의 〈사랑 그리고 가족 이데올로기〉를 바탕으로 쓰시오.
③ 사랑을 한 문장으로 정의하여 쓰시오.

학생들의 얼굴에 고통스런 표정이 어린다. 선뜻 첫 문장을 시작하는 학생이 드물다. 당연하다. 사랑에 대한 예찬과 환희와 소유에 골몰하는 온갖 이야기가 난무하는 이 세상에서, 사랑의 공포를 성찰하는 이 상황이 너무도 낯선 것이리라. 그러나 진정으로 사랑하는 사람을 오래도록 사랑하며 살기 위해서, 이 학생들의 고뇌가 든든한 사랑의 거름이 되기를 바라며 이 침묵을 지킨다. 최선의 상황을 누리기 위해서라도 최악의 상황에 대한 성찰은 필요한 것이다. 에비는 멀리 있지 않다. 나를 사랑하는 이의 가장 가까운 곳에서 나를 사랑하는 이의 일방적인 희생을 요구하고, 일방적인 원망을 내뱉는 사람이 바로 나라면, 내가 곧 에비인 것이다.

"사랑하다'는 '살아가다'에서 나온 말이다."

언제 어디에서 주워들은 말인지 모르겠으나 다시군에게 이 말은 사랑에 대한 가장 적절한 해석으로 남았다. 사랑이란 고정되어 소유할 수 있는 고유 명사가 아니라 더불어 함께 만들어 가는 동사이다. 사랑이란 서로가 함께 행복한 삶을 누리려 하는 것이며, 각자의 행복을 누리도록 돕는 것이다. 그렇게 나의 삶을 살며 너의 삶을 응원할 때, 너의 삶에 함께하며 나의 삶을 가꿔 나갈 때, 우리의 사랑은 지속될 것이다. 부디 나와 만나는 이 학생들의 두근대는 사랑이 지속 가능한 행복으로 성숙하기를 간절히 바란다.

다시군   이제야 좀 이해가 되시나? 오웬과 에비가 앞으로 만들어
         갈 관계가 과연 어떤 것인지를 늙은 남자의 최후가 뚜렷
         이 보여 주고 있기에, 난 이들의 관계를 긍정적으로만은
         볼 수 없다는 말이지.

김지씨   흠…… 글쎄. 난 동의하기 어려운데. 왜 그게 사랑이 아니라는 말이지? 그리고 내 생각에 이 영화는 흔히 알고 있는 이성애 중심적 관계를 넘어선 어떤 성적(性的) 경계의 문제를 다루고 있다고 생각해. 오웬이 친구들에게 당한 괴롭힘을 한번 떠올려 보라구. 오웬은 남성이지만 남성으로 볼 수 없단 말이지. 그리고 묘한 게 에비인데, 에비를 완전한 여성이라고 말할 수 있나? 그렇게 볼 수 없거든. 그래서 난 이렇게 썼던 거야.

김지씨는 수업 준비를 위해 영화를 들여다보면서, 오웬의 처지를 이렇게만 설명하기에는 아쉬운 점이 많다고 생각했다. 예를 들어, 오웬이 망원경을 통해 옆집을 훔쳐보고 있는 장면은, 단순히 오웬을 피해자라고 했을 때 명쾌하게 해석되지 않는다. 그래서 김지씨는 앞에서 말한 정치적·경제적 분석과는 다른 길을 찾아보려 했다.

김지씨는 영화를 고를 때 당연히 문제가 있을 만한 영화는 고르지 않는다. 즉, 최소한 15세 이상 관람가 영화를 뽑는 것이다. 그런데 재미있는 것은 그런 영화들도 은근히 야하거나 잔인한 장면이 있다는 점이다. 이런 장면이 나올 때 교실에는 어색한 분위기가 감돈다. 이때 학생들은 영화를 보다가 김지씨를 쳐다본다. '괜찮냐?' 하는 표정이다. 김지씨는 '괜찮다'는 표정을 짓기 위해 노력한다. 교사가 뻘쭘해하면 분위기는 더 이상해진다. 그래서 요즘은 그런 장면이 나올 때마다 그냥 웃으며 "걱정 마. 15세 맞아."라고 말한다.

〈렛 미 인〉에도 그런 장면들이 있었다. 특히 잔인한 장면이 많다. 이런 점에서 사실 몇몇 학생은 영화 보기를 힘들어했다. 피가 튀고

목이 달아나는 영상이 여과 없이 연출될 때면 눈을 가리고 그 순간이 지나가기를 기다리는 학생들이 꽤 있었다. 뱀파이어 영화이기에 어쩔 수 없으려니 하고 넘어갔다. 근데 그것보다 학생들이 더 민감하게 반응했던 장면은 오웬이 옆집을 훔쳐보는 장면이었다. 옆집 부부가 관계를 맺는 장면을 훔쳐보는 오웬의 모습이 화면에 클로즈업되자, 여지없이 학생들은 김지씨의 얼굴을 쳐다보았다. 그냥 야한 장면이 나오는 것도 좀 그런데, 훔쳐보기라니. 그때 김지씨의 생각은 '쓸데없이 야한 장면을 집어넣어서, 분위기 어색하게 만드는 건 뭐야.'라는 수준에서 한 발짝도 더 나아간 바가 없었다.

그러고 나서 수업 준비를 위해서 다시 그 영화를 보았다. 그 장면이 나오자 좀 더 눈여겨볼 수밖에 없었다. 과연 쓸데없는 장면일까? 영화를 한 세 번쯤 보게 되면 아무래도 맥락을 고려할 수밖에 없는데, 그렇게 읽어 보니 그 장면은 오웬이라는 인물에 대한 중요한 정보를 담고 있었다. 오웬이 훔쳐보는 이웃의 모습에서 어떤 공통점을 발견했기 때문이다. 오웬이 훔쳐본 것은 옆집 부부의 성행위였고, 또 하나는 건장한 남성의 근육질 몸매였다. 이 두 가지는 모두 오웬과는 거리가 먼 것이라는 공통점을 가지고 있었다.

여자 친구도 없고, 남성적인 건강한 육체를 가지지도 못한 오웬은 이로 인해 심각한 결핍감을 느끼면서 동시에 또래 친구들에게 놀림받고 괴롭힘을 당하는 처지에 놓여 있다. 특히 나약한 육체로 열등한 처지에 놓이게 된 오웬을 케니의 무리가 사사건건 괴롭힌다. 이중에서 결정적인 장면은 오웬을 탈의실에서 붙잡고 그의 팬티를 잡아당겨 그의 중요 부분에 심한 고통을 주는 부분이다. 그 결과 오웬은 오줌을 싸고 만다. 김지씨는 그때도 생각했다. '왜 하필이면 그곳을

자극하는 것일까?'

이 장면들을 이해하기 위해서는 오웬을 괴롭히는 케니의 무리가 오웬을 'girl'이라고 부른다는 사실을 포착해야만 한다. 여자도 아닌 오웬을 그렇게 부르는 것은 권력의 위계를 성적 위계로 치환시켜 부르는 행위라고 볼 수 있기 때문이다.

김지씨 답지 않게 이야기가 조금 어려워진 것 같다. 좀 풀어서 설명해 보자. 남성과 여성 사이의 권력관계를 보면, 아무래도 현실적으로 하위에 있는 쪽은 여성이다. '유리 천장'이네 뭐네 하는 말들이 여전히 위세를 떨치고 있고, 성폭력이나 성희롱 같은 사건들이 신문 지면을 장식하고 있는 게 현실이기 때문이다.

그런데 남성과 여성의 수직적 권력관계가 남성과 남성 사이에 작용하기도 한다. 남성은 자기보다 권력관계에서 아래에 있다고 생각하는 다른 남성을 부를 때, 여성을 지칭하는 용어로 부르면서 우위를 확인하려 하기 때문이다. 주변에서 남학생이 다른 남학생에게 심한 욕을 할 때, '××놈아' 하지 않고 '××년아' 하는 것을 들어 보았을 것이다. 그것은 아마도 '놈'보다 '년'이 더 심한 욕이라고 받아들여지기 때문이리라. 이것은 위에서 말한 성적 위계가 작용한 결과라고 볼 수 있다. 반대의 경우, 즉 여학생들끼리 있을 때 자기보다 못한 여학생에게 '놈'이라고 부르는 경우는 거의 없으니, 권력의 위계가 어떻게 작동하고 있는지를 짐작할 수 있다.

그렇다면 영화 속의 'girl'은 김지씨네 학교 남학생들이 즐겨 쓰는 '××년' 같은 표현이라고 볼 수 있다. 이를 증명이라도 하듯이 케니의 형 레니 또한 자기보다 힘이 없고 모자란 녀석이라고 생각하는 케니를 'girl'이라고 부르고 있다. 놀라운 것은 오웬도 이 표현을 쓴다는 점인데, 가면을 쓰고 이웃집을 훔쳐볼 때 칼을 들고 거울을 향해 위협하면서 'girl'이라고 한다. 가면과 칼이라는 소도구를 통해 현실의 자신이 아닌 다른 강력한 존재가 되었다고 느낄 때, 오웬 또한 자신의 힘을 과시하는 방식으로 이 표현을 사용하는 것이다.

그런데 김지씨는 대한민국의 군사 문화에 대한 책을 읽다가, 군대에서 벌어지는 동성 간의 성폭력을 연구한 부분에서 오웬의 상황을 이해할 수 있는 단서를 발견했다.

> 남성 군인들은 군대에서의 과장된 남성성 이미지와 그에 부합하지 못하는 자신의 왜소한 남성성 사이에서 긴장하고 위축된다. 이런 심리적 긴장 관계를 동반하는 남성성의 경쟁은 남성성의 기준에 미치지 못하는 사람에 대한 처벌을 통해서 자신의 남성성을 확인하기도 하고, 다른 남성을 여성화함으로써 자신의 우월적 남성적 지위를 확보하기도 한다.
>
> — 권인숙, 《대한민국은 군대다》, 청년사

이 글에서 케니의 무리가 오웬을 괴롭히는 이유를 발견할 수 있었다. 케니는 남성성 경쟁 속에서 자신의 남성성을 부각시키는 희생양으로 오웬을 선택한 것이다. 이와 같은 맥락에서 오웬이 그곳을 집중적으로 공략당하고, 결국 오줌을 싸면서 굴복한다는 것은 오웬의 남성적 정체성이 심각하게 위협받게 되었으며 결국 남성으로서의 지위를 포기하게 된다는 것을 의미한다. 일종의 상징적 거세라고 할 수 있는데, 그 결과 오웬은 남성이지만 또래 무리에게서는 남성으로서 인정받지 못한 채 주변을 맴도는 인물로 머물 수밖에 없다. 다시 말해서, 오웬은 생물학적으로는 남성이지만 사회적 관계 속에서는 남성

오웬은 케니 무리에게 당할 때 이렇게 고통스러워한다.

이 아닌 모호한 상황에 처하게 된다.

이때 오웬에게 구원의 손길을 내민 것이 에비였다. 그렇다면 에비는 왜 오웬에게 접근하게 되었을까? 이 두 사람이 가까워진 것은 두 사람이 비슷한 처지였기 때문이라고 김지씨는 조심스럽게 추측해 본다. 이 두 사람의 공통점은 일상적인 생활을 영위할 수 없을 정도로 소외된 존재라는 점이다. 오웬은 학교에서도 소외되어 있으며 집에서도 엄마에게 억압받는 인물이다. 에비 또한 태생적 한계 때문에 정상적으로 살아갈 수 없는 인물이다. 영화를 보면서 김지씨는 에비를 다른 뱀파이어와 비교해 보았다. 그리고 보니 에비가 열악한 환경에 있다는 생각을 할 수밖에 없었다. 〈박쥐〉의 뱀파이어 송강호처럼 생활력이 뛰어나지도 않고, 〈안녕, 프란체스카〉의 심혜진처럼 이것저것 먹을 수 있는 식성도 아니다 보니, 사람들의 눈을 피해 겨우겨우 연명하고 있다. 너무 이른 나이에 뱀파이어가 되다 보니 생활 전선에 뛰어들 수 없는 어린 외모로 남게 된 탓도 있다.

또 이 둘의 공통점은 성적(性的) 특성에서도 찾아볼 수 있다. 둘 다 성적인 정체성이 모호하다. 에비는 남성도 여성도 아닌 존재이다. 뱀 파이어는 아예 인간이 아니니까. 그렇다면 오웬은? 앞서 이야기했듯이 남성이라는 생물학적 정체성에도 불구하고 권력관계 속에서 소외되어 자신의 정체성을 잃고 결핍감에 시달리는 인물이다.

물론 처음에 오웬은 에비를 여성이라고 생각하고 자신의 여자 친구로 만들고 싶어 한다. 에비의 오래된 남자 친구가 비극적으로 죽고 난 뒤에 상실감에 젖은 에비는 오웬의 침실로 찾아들었고, 거기서 오웬은 에비가 여자라고 믿고 연애(?)를 시작한다. 연애를 해 본 사람은 잘 알겠지만, 연애 초기의 그 자신감이란……. 김지씨 또한 지금까지 살아오는 동안 자존감 수치를 그래프로 기록했다면, 정점을 찍었을 때가 바로 연애를 시작한 직후일 거라고 생각한다. 그 자신감은 '이제 나도 남자가 되었다'는 성적 자존감과 맞닿아 있다. 그래서 오웬은 케니에게 과감하게 저항할 수 있었던 것이고, 결국 케니에게 큰 상처를 입힌다. 재미있는 점은 오웬이 이렇게 적극적인 태도를 가지게 되었을 때, 케니가 형 레니에게 'girl'이라고 불린다는 사실을 눈치챈다는 것이다. 케니도 약자가 될 수 있다는 사실을 알게 되는 장면에서 오웬은 득의의 미소를 날린다. 몸을 단련시키기 위해 운동을 하고 수영을 배우는 것도 회복된 자존감을 나타내는 것이다.

하지만 에비는 오웬과 연인 관계를 맺는 것이 불가능하다는 사실을 잘 알고 있다. 그래서 에비가 오웬에게 이렇게 묻는다. "내가 여자가 아니라도 좋아할 거야?"라고. 오웬은 "아마 그럴 거야."라고 대답한다. 또 오웬의 침실에서 연애 관계를 시작할 때도, 에비는 아무것(?)도 하지 않는다는 조건으로 관계를 수락한다. 하지만 진실은 금방 밝혀지기 마련이다. 오웬과 에비가 좀 더 깊은 관계를 맺으려는 순간 오웬은 에비가 뱀파이어라는 슬픈 현실을 깨닫게 된다.

여기서 김지씨는 의미심장한 장면 하나를 짚고 넘어가야 할 필요성을 느낀다. 에비가 오웬이 흘린 피를 핥아먹고 뱀파이어의 본색을 드러낸 순간, 오웬은 비로소 에비의 정체를 깨닫게 된다. 그런데 그 다음의 전개가 상당히 함축적인 의미를 담고 있다. 피 맛을 본 에비는 참지 못하고 지나가는 이웃집 여자의 목을 물어 그녀를 뱀파이어로 만드는데, 앞서 말했듯이 이웃집 여자는 이성애적 관계를 상징하는 인물이다. 이 인물이 에비에게 물려 뱀파이어가 되어 버리고, 병원에 입원한 뒤 햇빛을 받아 활활 타 버리는 순간, 오웬의 이성애적 연애가 화려하게 불타고 있다는 것 또한 눈치챌 수 있다.

이후에 오웬은 에비를 두려워하고 멀리한다. 하지만 결국 에비를 받아들인다. 오웬이 처한 답답한 현실을 벗어날 수 있는 유일한 능력을 가진 사람이 에비이며, 동시에 에비 또한 이 답답한 현실의 희생자임을 깨닫게 되었기 때문이다. 이 영화의 제목인 '렛 미 인(Let Me In)'의 뜻이 바로 여기에 있다. 오웬이 들어오라고 허락할 때만 에비는 들어올 수 있다. 오웬이 허락하지 않으면 들어간다고 해도 에비는 피를 흘리며 죽어 갈 수밖에 없다. 다시 말해서, 관계가 성립되기 위해서는 상대를 진심으로 인정할 수 있는 용기가 필요하다는 말이다. 김지씨는 이 부분이 상당히 의미심장하다고 생각했다. 남성성이 강조되는 사회에서 폭력적으로 배제된 오웬과 인간의 세계로부터 배제된 에비 사이의 관계가 이때부터 비로소 제대로 형성된다는 느낌을 받았기 때문이다. 에비와의 연애를 통해 남성성이 회복되었다고 느끼는 순간, 그것이 모두 거짓이라는 것을 알았고, 그것으로 절망했지

만 상대방의 정체성을 용기 있게 인정하고 난 뒤에 진짜 관계가 형성
된 셈이다.

> **다시군**　흠…… 약간 억지스러운 부분도 있지만, 나름대로 일리는
> 있는 듯. 어려운 상황에 처한 오웬에게 일종의 구원으로
> 에비가 다가왔다는 점이나, 특히 이 영화의 제목에 대한
> 해석은 비슷한 것 같아. 나도 이렇게 썼으니까 말이야.

　먼저 살피는 것은 열두 살 소년 오웬의 상황이다. 오웬은 어떤 상
황에 있는가? 대답들이 툭툭 나온다. 그래, 그렇지. 오웬은 동급생
케니 일당에게 괴롭힘을 당한다. 그들은 오웬을 '계집애'라고 부르며
겁주고 놀리고 때린다. 엄마 아빠는 이혼 직전이다. 오웬이 에비의
정체를 알던 날, 무서움과 외로움에 전화했을 때 아빠는 오웬에 대
한 모든 책임을 엄마에게 돌리며 전화를 끊는다. 목소리로만 존재하
는 아빠. 오웬의 엄마는 외롭고 슬프고 지쳤다. 엄마가 오웬과 나누
는 대화는 형식적인 안부를 넘지 못하고, 그의 상황과 상처를 깊이
묻는 대화는 없다. 영화의 곳곳에 엄마는 등장하지만 어디에서도 엄
마의 얼굴은 뚜렷하게 드러나지 않는다. 엄마는 엎드려 있거나, 울고
있거나, 흐릿한 저편에 있다. 곁에 있지만 곁에 있지 않은 엄마. 오웬
은 어떤 상황에 있는가? 오웬은 고립되었다.
　이 즈음에 늙은 사내와 함께 오웬의 아파트 옆집으로 에비가 이사
온다. 맨발로 눈길을 걷는 그녀에게 호기심을 느끼던 오웬은 각 면의
색을 다 맞추는 장난감 큐브를 계기로 그녀와 친해진다. 오웬의 상처
와 분노를 알아봐 주고, 오웬을 괴롭히는 아이들을 자기가 대신 해

치우겠다고 말해 주고, 오웬 때문에 좋아하지도 않는 사탕을 먹다 탈이 났어도 먼저 미안하다고 말해 주는 그녀. 오웬은 에비를 마음 가득 안아 줄 수밖에 없었다. 오직 그녀만이 자신의 곁에 있어 주었기 때문이다.

두려운 것은 그녀가 흡혈귀라는 것이었다. 에비의 정체를 알게 된 후 오웬은 그녀를 두려워하며 차갑게 대한다. 그러던 어느 날 에비가 오웬의 집을 찾아온다. 들어가도 되냐는 허락을 구하는 에비를 오웬은 외면하며 집 안에 그냥 들어오게 한다. 그런데 그 순간, 에비가 온몸에서 피를 흘리며 고통스러워한다. 놀라움과 안타까움에 에비를 안고 집에 들어와도 된다고 소리치는 오웬. 그제야 에비의 몸에서 흐르던 피가 멈춘다. 에비는 오웬에게 상대방의 집에 허락 없이 들어가면 자신의 온몸에서 피가 흐르며 고통을 겪게 된다는 것을 알려 준다.

이 사건으로 오웬은 에비에 대한 두려움을 넘는다. 에비의 피와 고통이 그를 안도하게 했으리라. 에비 또한 아프고, 상처 받고, 고통을 당하는 존재였던 것이다. 그 상처 받고 고통 받는 자들 사이의 연민은 마침내 오웬이 에비를 자신의 마음에 들어오도록 허락하게 한다. 오웬의 허락이 필요하다는 것이 중요했다. 자신과 크게 다른 존재라 해도 에비는 오웬의 허락이 있어야 오웬의 공간에 들어갈 수 있었다. 그것은 명확히 사랑에 대한 은유이기도 했다. 에비가 아무리 무시무시한 힘을 가지고 있다 해도, 오웬의 허락이 있어야 오웬의 마음 안으로 들어갈 수 있었다. 오웬의 의지에 따라 그녀가 거부당하고 아파하고 고통을 당할 수 있다는 것이 그녀 앞에서 오웬을 당당하게 만들었다.

그 연민과 당당함으로 오웬은 다시 에비를 마음 가득 안아 줄 수 있었다. 그날 밤 오웬이 그녀와 즐겁게 놀 수 있었던 것도, 다음 날 아침 에비에게 공격당한 형사가 도움을 바라며 간절히 손을 뻗었을 때 오웬이 외면하며 문을 닫게 된 것도 모두 이 때문이었다.

김지씨   그러면 나름 훈훈하게 마무리가 된 셈인가?

다시군   글쎄. 난 여전히 당신의 해석이 맘에 들지 않으니까, 훈훈한 마무리는 아닐 것 같은데.

김지씨   그래? 사실 나도 동감. 아니 이 귀여운 '에비'가 레이건이라니…….

다시군   다시 시작해 볼까? 난 아직 할 이야기가 많이 남았는데.

김지씨   됐어 됐어. 이제 그만해. 해석이야 읽는 사람들의 몫이니, 읽어 낸 만큼만 이야기하면 되는 거 아닌가?

다시군   그렇지. 암튼 여기까지 이야기하느라 수고했네. 담에도 다른 영화로 만나자구.

국어시간에 영화읽기

김지씨와 다시군의 각본 없는 영화 수업 이야기

1판 1쇄 발행일 2015년 8월 24일
1판 7쇄 발행일 2023년 5월 29일

지은이 김병섭, 김지운

발행인 김학원
발행처 (주)휴머니스트출판그룹
출판등록 제313-2007-000007호(2007년 1월 5일)
주소 (03991) 서울시 마포구 동교로23길 76(연남동)
전화 02-335-4422 **팩스** 02-334-3427
저자·독자 서비스 humanist@humanistbooks.com
홈페이지 www.humanistbooks.com
유튜브 youtube.com/user/humanistma **포스트** post.naver.com/hmcv
페이스북 facebook.com/hmcv2001 **인스타그램** @humanist_insta

편집책임 문성환 **편집** 윤무재 **디자인** 최우영 **일러스트** 이시내
용지 화인페이퍼 **인쇄** 청아디앤피 **제본** 민성사

ⓒ 김병섭·김지운, 2015

ISBN 978-89-5862-869-9 03680